GUERRA ÀS DROGAS

OLAVO HAMILTON

Advogado, Conselheiro Federal da OAB, Membro do Instituto dos Advogados Brasileiros, Professor (UERN), Mestre em Direito (UFRN), Doutor em Direito (UnB).

GUERRA ÀS DROGAS

OWL
EDITORA JURÍDICA

OWL – EDITORA JURÍDICA
editora@owl.etc.br • www.owl.etc.br

Hamilton, Olavo. 1976-
Guerra às Drogas /
Natal : OWL, 2024.
200p.
ISBN: 9798339938675

1. Drogas. 2. Guerra.

Prefácio: Beto Simonetti
Ilustração da capa: Geovani Brito

Para Afonso Hamilton.

SUMÁRIO

PREFÁCIO

"Guerra às Drogas" é uma obra que já nasce clássica. Olavo Hamilton, advogado, Conselheiro Federal da Ordem dos Advogados do Brasil e professor, registra nessas páginas por quais razões a guerra às drogas é inadequada à tutela da saúde pública.

Olavo Hamilton resgata a história desta política, originalmente estadunidense, reproduzida em vários países. De forma bem-sucedida, apresenta um panorama das consequências da geopolítica antidrogas atual, como o consumo de vastos recursos financeiros, a perda de centenas de milhares de vidas humanas e a intervenção penal produtora de prisões em massa. Ressalta, ainda, a ineficácia da medida para reduzir o mercado ilícito ou mitigar o consumo.

Por meio de uma densa revisão bibliográfica, baseada em pesquisas empíricas, o autor conclui que a ilicitude do consumo de determinadas substâncias psicoativas, não raro, conduz usuários ao crime, inclusive à traficância, como forma de financiar sua dependência. Para ele, há relação direta de proporcionalidade entre os recursos investidos no combate às drogas e o número de mortes violentas mundo afora.

Por outro lado, chama atenção para as políticas públicas que lidam com o problema sob uma perspectiva diferente da criminalização. Com abordagem humanizada e dirigida a mitigar os danos relacionados ao uso de drogas, essas políticas apresentam resultados positivos para a saúde pública – exponencialmente superiores àqueles derivados da estratégia de guerra.

Olavo Hamilton destaca-se por sua trajetória acadêmica e profissional dedicada ao fortalecimento das instituições democráticas e entrega à comunidade jurídica uma contribuição original de grande relevância. O extenso currículo do autor é prova da competência com que tratou de temas complexos. Seu empenho traduz-se em um verdadeiro exercício de cidadania.

Estou certo de que os estudos do Direito Penal e da Criminologia ganham nova leitura obrigatória. Por isso, honra-me imensamente o convite para prefaciar esta obra.

Boa leitura!

Brasília, 20 de setembro de 2024.

José Alberto Simonetti
Advogado. Presidente Nacional da Ordem dos Advogados do Brasil.

INTRODUÇÃO

Ao longo da história, o uso de substâncias psicoativas se tornou um hábito frequente na humanidade, sendo empregado para finalidades medicinais, religiosas, recreativas ou simplesmente por curiosidade. As drogas sempre estiveram presentes nas mais diversas sociedades, auxiliando a espécie humana a ampliar ou alterar percepções e, muitas vezes, oferecendo um meio de escapismo diante de realidades opressivas.

Contudo, diversas drogas foram gradualmente proibidas, tornando-se ilegais para consumo e comercialização, principalmente por motivos éticos. Esse processo se intensificou no início do século XX, com a criminalização das atividades ligadas à oferta e demanda de substâncias psicotrópicas. De acordo com o discurso oficial, fundamentado na legislação penal do Estado e na teoria do crime e da pena, a proibição das drogas é justificada pela necessidade de enfrentar os problemas de saúde pública associados ao seu uso abusivo.

Embora o argumento central para a proibição, ilicitude e criminalização de certas substâncias psicoativas seja a proteção da saúde pública, o critério de seleção das drogas que deveriam ser proibidas nem sempre seguiu esse princípio de forma consistente. A criminalização do uso e comércio de alguns psicoativos foi influenciada mais pela percepção social das substâncias e, principalmente, pelos grupos culturais associados a elas do que pelo real potencial de dano intrínseco de cada droga.

O discurso oficial que se extrai do comando normativo, então, torna-se injustificável. Se é verdade que a intervenção penal se legitima pela proteção de determinado bem jurídico, de índole fundamental, inclusive com a restrição de se configurar como *ultima ratio* do direito, a catalogação das drogas em quadros e graus de licitude e ilicitude somente se justificaria a partir da imanente lesividade, própria a cada uma delas. Tratar-se-ia, portanto, de critérios objetivos, pragmáticos, de base empírica, dirigidos a uma finalidade específica, a proteção da saúde pública.

Ocorre que as consequências da criminalização das drogas são graves demais para que se a aceite normalmente como um mero símbolo [1]. Os muitos recursos financeiros dirigidos à estratégia de guerra que lhe é consequente, os milhões de

---

[1] Sobre as consequências da guerra às drogas relacionadas à superpopulação carcerária, aumento da criminalidade e fomento das organizações criminosas, conferir Silva Júnior e Hamilton (2024).

encarceramentos em decorrência de sua implementação e as centenas de milhares de mortes ínsitas à atividade criminosa e ao seu combate configuram um custo social e humano excessivamente elevado, absolutamente desproporcional a qualquer que seja o símbolo subjacente à proibição, por mais relevante que se possa reputá-lo.

Portanto, importa compreender, para além do discurso oficial, o processo de criminalização de certas substâncias psicoativas, identificando se a pretensão de proteção à saúde pública era o real móvel do direito criminal das drogas ou se funcionava apenas como fachada para interesses políticos e sociais diversos da intenção da tipificação penal.

Atualmente, considera-se droga qualquer substância, natural ou sintética que, uma vez introduzida no organismo vivo, pode corromper uma ou mais de suas funções (ONU 2007). As substâncias psicotrópicas ou psicoativas operam no sistema nervoso central, provocando alteração de comportamento, temperamento e da capacidade cognitiva (WHO 1981, American Psychiatric Association 2015), sendo classificadas como depressoras, estimulantes e alucinógenas (Chaloult 1971).

No entanto, o importante para compreender o processo pelo qual se construiu a ilicitude de muitas das substâncias psicotrópicas não é propriamente sua definição científica, nem mesmo a inerente capacidade de alterar, de algum modo, o comportamento humano, senão o discurso que se constrói em torno delas (Olmo 1990) e suas consequências que, "após um julgamento de valor, ganha a qualificação normativa de lícita ou ilícita mediante a criação de uma norma proibitiva" (Boiteux 2017, 185).

A humanidade apresenta uma propensão singular a experimentar substâncias psicotrópicas e, não raro, de persistir em seu uso, não obstante os inerentes riscos (Iversen 2016). As drogas continuamente acompanharam o homem, em todo lugar e tempo. Cada povo experimentou a sua própria, tornando-se um fenômeno comum ao largo de toda existência humana. Na Europa Meridional, o vinho; na Europa Setentrional, a vodca e o uísque; na Ásia, o cânhamo e o ópio; na América do Sul, a coca e os alucinógenos; a busca pela embriaguez, natural ou química, ou por um estado artificial e concreto, é um fato universal. Com fins médicos, mágicos ou religiosos, no intuito de fugir da realidade ou enfrentar os problemas, por incapacidade de se relacionar ou por simples prazer, as drogas foram e são utilizadas (Escudero Moratalla e Frígola Vallina 1996).

Ainda que o efeito das substâncias psicoativas resulte parcial e passageiro, enganoso, ainda que cobre seu preço, a possibilidade de afetar o ânimo com um artifício tangível assegura fortemente sua perpetuação. Para os seres humanos, o ato de comer, dormir, mover-se e outras ações semelhantes torna-se não essencial, quando não impossível, em estados psicológicos resultantes da perda de um ente querido, do intenso temor, da sensação de fracasso e até da simples curiosidade. Em casos dessa natureza se manifesta a superioridade do espírito sobre suas condições existenciais objetivas. E no poder de afetar os ânimos reside o essencial de algumas substâncias: potencializando momentaneamente a serenidade, a energia e a percepção, permitem reduzir a aflição, a apatia e a rotina psíquica (Escohotado 2002).

O que há de subjacente no consumo de psicotrópicos é o descontentamento, momentâneo ou perene, frequentemente induzido pela realidade (opressora, de diversas formas) que cerca o indivíduo. No entanto, no atual contexto social, o consumo de determinadas drogas é concebido como uma nova forma de pecado, ao ponto de se tipificar uma nova forma de delito (Escohotado 2002).

Nesse contexto, o processo histórico de proscrição das substâncias psicoativas, correntemente denominado "guerra às drogas", consubstancia-se numa campanha de proibição e intervenção militar internacional empreendida pelo governo dos Estados Unidos da América, com o auxílio de diversos outros países, tendo como objetivo declarado definir e reduzir o mercado ilegal de drogas (Cockburn e St. Clair 1998). Sua principal frente é a criminalização do uso e do comércio de substâncias psicoativas consideradas ilícitas.

Na verdade, a guerra às drogas no âmbito internacional é a própria história do combate às substâncias tornadas ilícitas, promovido pelos Estados Unidos da América, a partir do sentimento moral vigente naquela sociedade, embora os resultados dessa luta sejam sentidos no mundo inteiro. Seu método, a progressiva criminalização das atividades relacionadas aos psicotrópicos, contaminou a legislação dos mais diversos Estados, apresentando-se na constelação internacional com uma configuração quase uniforme.

Esta iniciativa inclui um conjunto de políticas públicas para as drogas, elaboradas pelo governo norte-americano, destinadas a desencorajar a produção, distribuição e consumo ilegais de psicoativos. A própria expressão "guerra às drogas" foi utilizada pela primeira vez em 1971 pelo então presidente daquele país, Richard Nixon, sendo, mais tarde, popularizada pela imprensa (Dufton 2006) e difundida em todo o mundo.

As substâncias consideradas ilícitas foram redefinidas como ameaça à segurança nacional, impondo-se a necessidade de uma postura fundada, sobretudo, na repressão doméstica, na qual a criminalização seria o ponto de partida, e exportação de políticas públicas para os demais países (Woodiwiss 2005). Dessa forma, Richard Nixon (Nutt 2012, Rahtz 2012) declarou, solenemente, ser o abuso de drogas o inimigo público número um dos Estados Unidos da América, cujo combate e derrota deveriam se estabelecer por meio de uma nova ofensiva irrestrita.

Não se pode descartar, ainda, que a guerra às drogas represente mais uma forma de controle interno direcionada a determinadas categorias de cidadãos e, também, no âmbito externo, de exercício do poder hegemônico norte-americano sobre a comunidade internacional[2], na medida em que rematou por ditar padrões legislativos e procedimentais quanto ao combate às substâncias psicoativas tornadas ilícitas.

Assim, cumprirá aos três primeiros capítulos a análise da guerra às drogas a partir de três momentos distintos: 1) a fase eminentemente moral, em que o combate às drogas é tomado como "princípio"; 2) a fase objetiva, na qual a criminalização é tida como "meio" para solucionar os problemas relacionados às substâncias psicotrópicas; e 3) a fase bélica, quando a criminalização passa a ser um "fim" em si.

Ao quarto capítulo caberá identificar se a criminalização das substâncias psicoativas, suporte jurídico da guerra às drogas, corresponde ao que se convencionou chamar de "direito penal do inimigo", segundo o qual existem duas categorias de criminosos:

---

[2] Segundo Michael Craig Ruppert (Klotter 2001, 59): "não há nenhuma guerra contra as drogas e nunca haverá... porque a chamada guerra às drogas não é sobre drogas. Tem a ver com dinheiro. É também sobre o poder. E é sobre raça".

o cidadão, "resguardado" de todas as garantias do direito penal; e o inimigo, a quem se destina apenas a coerção da norma.

Também será importante investigar se a guerra às drogas tem cumprido seus objetivos declarados ou se, pelo contrário, falhou em reduzir oferta e procura por substâncias tornadas ilícitas e, principalmente, se mitigou os danos relacionados ao uso de psicoativos, tarefa que caberá ao quinto capítulo.

Uma vez que a criminalização das drogas deveria seguir o critério objetivo de lesividade a terceiros que seu eventual uso proporciona, importante compreender o potencial de dano inerente a cada substância psicoativa, inclusive algumas consideradas lícitas. Esse objetivo será cumprido no sexto capítulo.

Por fim, a guerra às drogas pode causar efeitos colaterais não desejados, consequências suportadas pela sociedade em geral que seriam capazes de deslegitimar a criminalização das substâncias psicotrópicas – o que será investigado no sétimo capítulo.

A guerra às drogas cobra um preço social muito alto e seu desempenho deve ser objeto de investigação e, se necessário, de denúncia. Para tanto, importante compreender as nuances em que foi inaugurada, o processo no qual se desenvolveu, seu estado atual e, principalmente, seus resultados. Essa é a intenção da presente obra.

1. O PRINCÍPIO ERA O VERBO

Desde o início das campanhas pela proscrição das drogas, a opinião pública nos Estados Unidos da América foi amplamente moldada por notícias e editoriais, além de relatórios públicos das agências de controle, rotineiramente elaborados no sentido de descrever determinado grupo minoritário como associado ao uso, transporte, distribuição e venda de substâncias psicoativas e, por consequência, responsável por todos os males que lhes são decorrentes (Cook e Hudson 1993, Hawkins 1995, Tonry 1997, Sirin 2011).

Embora o que hoje se conhece por "guerra às drogas" tenha sido inaugurado em 1971 por Richard Nixon, as políticas implementadas em sua administração, consubstanciadas no *Comprehensive Drug Abuse Prevention and Control Act* (1970), representavam um desenvolvimento da proscrição e criminalização das drogas nos Estados Unidos da América, iniciadas em 1906, com a promulgação da *Pure Food and Drug*

Act (1906). Esta, por sua vez, resultou do movimento histórico e político atualmente denominado de "Proibicionismo".

Já o nascimento do Proibicionismo, como sistema político, deu-se no estado de Ohio, a partir de uma aliança entre as igrejas locais, cuja plataforma previa o fim do comércio de álcool (negócio associado ao jogo, prostituição e dança, em tudo oposto ao pensamento puritano) por julgá-lo a causa da degradação moral e física que acreditavam ter acometido o país.

Na segunda metade do século XIX, a ideia se difundiu em vários espaços da sociedade civil norte-americana. Nessa época, por exemplo, precisamente em 1869, fundou-se Partido Proibicionista. Além disso, foram criadas várias sociedades e ligas, tais como a Sociedade Nova-Iorquina para Supressão do Vício (1868), a Liga das Senhoras Cristãs pela Sobriedade (1873) e as Ligas *Antissaloon* (1893). No campo universitário, surgiram agremiações representativas dessa tendência, com destaque à Federação Científica pela Sobriedade (1879), dirigida a investigar o problema e propor soluções com bases acadêmico-científicas (Ribeiro 2013).

Aportaram editoras, periódicos e jornais dedicados exclusivamente ao tema da proibição, orientando a discussão a partir da necessidade de banir o consumo de álcool, pelo que o assunto galgou dimensão nacional. No intuito de massificar sua posição, angariar novos adeptos e utilizar agendas já organizadas, o movimento proibicionista se articulou com outros grupos sociais de reivindicação, inserindo-se na pauta, por exemplo, da luta feminina pelo sufrágio universal e das campanhas antitruste (Ribeiro 2013).

Criadas as bases sociais, abria-se caminho para normatizar o ideal proibicionista, sendo consenso identificar o *Pure Food and Drug Act of 1906* como o primeiro grande marco nacional da intervenção do Estado sobre o comércio e o consumo de drogas. A partir desta lei, o governo iniciou um controle público para coibir a circulação de produtos adulterados ou que representassem risco à saúde, tornando cogente que medicamentos e alimentos possuíssem discriminação de sua composição (Lima 2009). Assim, por força da norma, álcool, cocaína, heroína, morfina, ópio e *cannabis*, dentre outras, passaram a ser consideradas substâncias viciantes e perigosas, razão pela qual sua presença deveria constar expressamente nos rótulos dos produtos que as contivessem.

Em referida lei, não havia propriamente uma proibição, nem mesmo a previsão de políticas públicas voltadas ao combate a determinadas substâncias. No entanto, o governo norte-americano a insinuou, pela via regulatória, fundada no discurso de proteção ao cidadão comum, ao legalizar a existência de substâncias já largamente utilizadas (Rodrigues 2017).

Mesmo protegendo os consumidores, na medida em que obrigava o fornecimento de informações sobre pureza, por exemplo, inaugurou uma postura intervencionista inédita na vida do cidadão americano. A tradição do livre comércio em torno das substâncias foi exposta, pela primeira vez, a uma norma que ainda não criminalizava, mas que assentava sob controle do Estado as drogas mais difundidas naquele país, atingindo o público em geral, embora que pela via indireta (Rodrigues 2017).

1.1. GUERRA AO ÓPIO

Enquanto isso, no plano internacional, em 1909, a Conferência de Xangai foi realizada com a representação de treze países para tratar do problema do ópio indiano, utilizado em larga escala na China. Sobre tal conferência, Rowe (2006), embora reconhecendo a natureza de vitrine política do evento, afirma que o intuito era realmente proibir a importação e o uso do ópio para fins não medicinais. O autor ressalta ainda a preocupação, já àquela época, debatida no encontro, de que a proibição trouxesse efeitos colaterais não desejados à sociedade norte-americana.

O certo é que, historicamente, a humanidade tem uma longa relação com os opióides (naturais, semissintéticos ou sintéticos), quase sempre desempenhada de forma problemática. Atualmente, dados de 2022, existem 60 milhões de usuários de opióides no mundo (UNODC 2024). Há dez anos, havia 32,4 milhões de usuários de opióides no mundo, sendo 16,5 milhões de consumidores de opiáceos (UNODC 2015).

O ópio é a seiva seca da vagem da semente da *papaver somniferum*, a papoula – "flor do prazer", para os sumérios na Mesopotâmia. É utilizada pela humanidade há seis mil anos, tanto para fins medicinais quanto recreativos. Os opióides abrangem tanto os derivados naturais do ópio (substâncias opiáceas), quanto os compostos sintéticos, como a meperidina e a metadona, por exemplo.

No que é pertinente ao uso medicinal, nenhum princípio ativo proscrito tem tantas aplicações quanto o que se extrai dos opióides. Dentre os naturais, pode-se citar o elixir paregórico (utilizado como antidiarreico e analgésico), a morfina (potente analgésico, do qual deriva a heroína) e a codeína (analgésico e antitússico). No entanto, sua administração se constitui risco à saúde da pessoa, uma vez que o ópio causa, concomitantemente, dependência física e psicológica.

A princípio produzido entre o Mediterrâneo ocidental e a Ásia menor, o ópio foi apreciado por todas as culturas conhecidas da Antiguidade: chinesa, egípcia, grega, romana, dentre outras. Os árabes, em razão de suas largas redes comerciais na Idade Média, tornaram referida droga conhecida nas mais longínquas regiões. Dessa forma, com a invasão dos árabes e dos persas islamizados, teve início a cultura da papoula na Índia, a partir do século IX. No auge do Império mongol na Índia (1526 a 1707), a produção da papoula e a comercialização do ópio se tornam um monopólio do Estado. No século XVIII, reverteu-se ao controle da Companhia Inglesa das Índias Orientais. Esta, no intuito de aumentar seus lucros e financiar suas compras de chá e seda, passou a encorajar os chineses a consumi-lo em larga escala (Labrousse 2011).

A maior parte do ópio no século XIX foi cultivada na Índia (incluindo o que hoje é o Paquistão), Pérsia (Irã) e Afeganistão. Grande parte da produção era destinada à China. Dentro desse contexto, por volta de 1839, o Império chinês havia diagnosticado que a dependência em ópio era um problema de grandes proporções. Assim, o imperador Tao Kuang ordenou regulamentação rigorosa contra a importação do ópio no país (Rowe 2006).

Tencionando a manutenção do negócio do ópio, a Grã-Bretanha declarou guerra à China (Labrousse 2011). O resultado dessa guerra, encerrada em 1842 e na qual sucumbiram os chineses, foi a cessão de Hong Kong para o controle britânico (Rowe 2006, Labrousse 2011). Mas a paz não foi duradoura. Na segunda guerra do ópio, desenvolvida entre 1856 e 1860 sob os desígnios ocidentais, que exigiam expansão do mercado (Rowe 2006), da qual participaram os franceses (Labrousse 2011), os chineses foram novamente derrotados, pelo que restou legalizada a importação daquele estupefaciente.

No início do século XX, imbuídos pela ideologia de livrar seu país de influências estrangeiras, o governo chinês buscou proscrever a importação do ópio. Tropas foram novamente enviadas para a China e, mais uma vez, os chineses foram incapazes de competir com as forças armadas modernas. O comércio do ópio foi salvo pela terceira vez. Isso significou o fim, para todos os efeitos, da Dinastia Ching (Rowe 2006).

No entanto, a opinião pública, tanto na Europa quanto nos Estados Unidos da América, voltou-se contra a política de forçar os chineses a aceitar um comércio de ópio que declaradamente não queriam. Assim, em torno de 1908, Grã-Bretanha e China transigiram no sentido de restringir o comércio da droga (Rowe 2006).

Estima-se que, no final do século XIX, mais de um quarto da população adulta masculina chinesa era dependente de ópio (Rowe 2006), configurando a maior intoxicação coletiva da história[3]. Referido flagelo somente foi erradicado após a chegada dos comunistas ao poder, em 1949 (Labrousse 2011).

Nos Estados Unidos da América, o uso de opióides também experimentou substancial aumento ao longo do século

---

[3] Existem estudos no sentido de que esses números são superestimados e que o índice de usuários problemáticos seria ainda menor (Jay 2012).

XIX, parte em razão do crescente número de imigrantes chineses, que trouxeram consigo o hábito de fumar ópio, parte em decorrência da incorporação dessa tradição pela população norte-americana. Deve-se considerar, ainda, que muitos se tornaram adictos em opióides por força iatrogênica – a dependência resultava da própria prescrição médica (Rowe 2006). O uso constante de medicamentos derivados do ópio induzia a dependência.

E os profissionais da saúde, na época, sequer qualificavam tal fato como problemático, uma vez que os opióides ainda não eram considerados perigosos, nem se conheciam seus efeitos negativos. Aliás, os próprios médicos se constituíam no maior grupo de americanos a fazer uso dessa substância e, até pouco antes da proscrição do ópio e derivados, nenhum estigma social maculava a imagem de seus dependentes (Rowe 2006).

Nesse contexto histórico, tencionando mitigar os danos à saúde decorrentes do uso de ópio, o ano de 1909 trouxe o primeiro regulamento federal norte-americano para as substâncias psicotrópicas. O presidente Theodore Roosevelt exortou a Conferência de Xangai a ajudar ostensivamente o Império chinês a lidar com o problema de abuso do ópio. Até certo ponto, isso pareceu representar apenas uma política de boa-vizinhança. O ato foi debatido e reproduzido na *Public Law 221* (1909), enquanto se desenvolvia a conferência. O objetivo declarado era proibir a importação e o uso dessa droga para outros fins que não os medicinais.

Em outras palavras, sua finalidade manifesta era evitar a importação da substância para uso recreativo. O debate sobre o projeto de lei, proposto por Sereno Payne, de Nova Iorque, na Câmara dos Deputados (*House floor*), foi notavelmente breve. Uma rápida aprovação era necessária para que se pudesse fortalecer a Conferência de Xangai e poder lidar com suas recomendações (Rowe 2006).

As poucas reais objeções ao projeto em questão não diziam respeito à proibição de usar aquele estupefaciente nos Estados Unidos da América, mas se esta vedação poderia ter consequências inesperadas, efeitos colaterais. No sentido em que atualmente pode ser descrito como ironicamente previsível, o representante Warren Keifer, de Ohio, mostrou-se preocupado com a possibilidade da lei, quando aplicada, ter o efeito de promover a produção de ópio nos Estados Unidos. O representante Joseph Gaines, da Virgínia ocidental, sugeriu que poderia estimular importações ilegais, o surgimento de um mercado ilícito. Ao final, tais argumentos não foram suficientes e a lei foi aprovada sem uma maior oposição (Rowe 2006).

Em 1911, ocorreu a Primeira Conferência Internacional do Ópio, em Haia, da qual resultou a Primeira Convenção Internacional do Ópio de 1912, no ano seguinte, que regulamentou a produção e a comercialização da morfina, heroína e cocaína. Poucos anos depois, surgiu a primeira lei dos Estados Unidos da América a, na prática, efetivamente restringir a distribuição e uso específico de certas drogas, intitulada *Harrison Narcotics Tax Act* (1914), que regulamentava e tributava a produção, importação e distribuição de opióides e derivados de cocaína, criminalizando o comércio e a prescrição contrária ao regulamento.

Tal norma conferia ao Estado a atribuição de decidir 'cientificamente' quais substâncias se constituíam perigosas e, por isso, mereceriam controle rigoroso do dispositivo burocrático e quais seriam inofensivas, podendo ser livremente negociadas e consumidas. Instaurava-se a obrigatoriedade da receita médica para a aquisição de medicamentos cujos ingredientes foram rotulados como nocivos, sobretudo os derivados do ópio e cocaína (Rodrigues 2017). Os médicos podiam prescrevê-las normalmente como tratamento de determinadas doenças, mas não podiam indicá-las a quem já era dependente.

1.2. TALISMÃ DO DIABO

Embora fossem drogas disseminadas por todas as classes sociais e etnias, era lugar comum identificar o uso da cocaína aos afrodescendentes do Sul dos Estados Unidos da América e o ópio e seus derivados aos trabalhadores imigrantes chineses. Corriqueiro também que grupos puritanos e higienistas associassem tais substâncias a comportamentos violentos e perigosos, praticados sobretudo contra a maioria branca. Instaladas estavam, portanto, as bases étnicas e morais para proscrição.

No entanto, no cenário internacional, até setembro de 1910, o problema das drogas era circunscrito ao problema do ópio. Tinha-se, na verdade, um conflito geopolítico entre Estados Unidos da América e Inglaterra em torno da questão da comercialização do ópio, em sua forma bruta, especificamente em relação ao lucro da atividade e o estilo político de lidar com o Extremo Oriente – o tradicional colonialismo de um lado, o capitalismo moderno de outro (Scheerer 1993a).

A discussão, então, cingia-se ao controle internacional da substância, enquanto matéria prima. E a Conferência de Xangai, no ano anterior, havia se configurado em uma grande derrota para Inglaterra, tanto no campo mercantil, quanto em relação a sua imagem na comunidade internacional, abalada em razão da insistência de manter um comércio que passava a ser repudiado. Tencionando mitigar e dividir os danos que havia sofrido em Xangai, a Inglaterra aceitou participar da Primeira Conferência Internacional do Ópio, em Haia, que aconteceria em 1911, mas impôs que o debate não ficasse circunscrito ao ópio em sua forma bruta, senão também às substâncias que lhe são derivadas e outras drogas. Nesse contexto, em setembro de 1910 a cocaína foi pela primeira vez introduzida no discurso internacional sobre o controle de ópio – e essa inserção partiu da Inglaterra (Scheerer 1993a).

A Alemanha era o principal rival econômico da Inglaterra na Europa e, também, o maior produtor e exportador de cocaína nos anos que antecederam à Primeira Guerra Mundial. Além disso, tinha uma indústria farmacêutica mais avançada que a inglesa e uma ampla produção de morfina, derivada do ópio (Scheerer 1993a).

Assim, antes da realização da Primeira Conferência Internacional do Ópio de 2011, em Haia, a Inglaterra passou a exigir de todos os membros da conferência que estudassem a questão da produção e tráfico da morfina e cocaína, de forma a se comprometerem, desde logo, com o princípio de uma legislação rigorosa contra o comércio dessas substâncias (Scheerer 1993a).

A partir dessa estratégia, a Inglaterra conseguia, em um único ato, dividir o ônus político do debate com outros países, àquela época contrários a proibição da cocaína e morfina, além de prejudicar os interesses econômicos da Alemanha. Ou seja, "o estigma sobre o comércio do ópio, que recaía exclusivamente sobre a Inglaterra, transferia-se para as nações concorrentes e seus produtos" (Scheerer 1993a, 176).

Não obstante os esforços da Holanda na Primeira Conferência Internacional do Ópio (1911), que defendia ser mais racional uma política regulatória que a postura proibicionista, a "improvisada ação diplomática alemã não conseguiu muito em relação aos interesses do seu país, mas o suficiente para enfurecer diversas delegações e [prejudicar] bastante a imagem alemã durante a realização da conferência de Haia" (Scheerer 1993a, 180).

A Inglaterra, assim, alcançava seus dois objetivos: impor prejuízo aos seus rivais econômicos (Alemanha, sobretudo) e dividir o estigma que lhe foi imposto na Conferência de Xangai, em 1909. No entanto, o efeito prático mais importante foi inaugurar, no plano internacional, o combate às drogas de um modo geral, antes circunscrito à questão do ópio.

Firmou-se, então, a possibilidade da proscrição da cocaína, por força da Primeira Conferência Internacional do Ópio (1911), da Primeira Convenção Internacional do Ópio (1912) e, no plano interno dos Estados Unidos da América, do *Harrison Narcotics Tax Act of 1914*.

No entanto, a cocaína, cujo uso recreativo foi proibido, também já se fazia presente há muito tempo na história. A folha de coca (*Erythroxylum coca*), era um símbolo da divindade para os incas (Iversen 2016), e ainda hoje é costumeiramente mastigada na América do Sul.

Seu cultivo continua praticamente um monopólio de três países andinos: Bolívia, Peru e Colômbia. Há aproximadamente cinco mil anos a coca está intimamente ligada à identidade dos nativos dos planaltos andinos, que a utilizam para fins medicinais, culturais, ritualísticos (Labrousse 2011) e como anoréxico.

Os colonizadores espanhóis, depois de terem qualificado a folha sagrada dos incas como "talismã do diabo", encorajaram sua produção ao perceberem seu efeito estimulante para o trabalho dos camponeses e dos mineiros nos territórios em que viriam a ser o Peru e a Bolívia. Já na Colômbia, onde, diferente destes, os índios representam hoje menos de 3% da população, as culturas de coca foram, até os anos 1970, reservadas apenas para consumo próprio (Labrousse 2011).

A cocaína foi isolada a partir das folhas de coca por Albert Niemann, em 1860. O cientista deu nome à substância e descreveu o processo de isolamento em seu trabalho de pós-graduação em Química na Universidade de Göttingen, Alemanha. Intitulada *Über eine neue organische Base in den Cocablättern* (Niemann 1860), rendeu-lhe oficialmente seu *philosophiae doctor*.

Dois anos depois, a companhia alemã Merck, sediada na cidade de Darmstadt, pioneira na produção de morfina, começou a produzir pequenas quantidades de cocaína, destinadas à venda, principalmente para pesquisadores (Courtwright 2002). A empresa também comercializou comprimidos contendo cocaína, os quais, alegava-se, teriam o condão de conferir uma qualidade ressonante à voz dos cantores (Iversen 2016).

A partir de então, seu uso espalhou-se gradualmente. Em 1863, o farmacêutico corso Angelo Mariani desenvolveu e patenteou uma infusão alcoólica de folhas de coca, que potencializava seu efeito. O *Vinho Mariani* alcançou projeção internacional a partir de campanha publicitária que ressaltava seus efeitos benéficos para saúde e rejuvenescimento.

Até mesmo o Papa Leão XIII apreciava a bebida, sendo, inclusive, uma das personalidades vinculadas à propaganda oficial desse produto. Inspirada no sucesso do *Vinho Mariani*, surgiu em 1885 a *Coca-Cola*, que continha em sua fórmula álcool, extrato de coca[4] e cafeína. Nos dias atuais, apenas a cafeína continua presente na bebida.

Com a descoberta da cocaína na segunda metade do século XIX, os grandes laboratórios farmacêuticos alemães e holandeses passaram a importar significativas quantidades de folhas de coca provenientes das plantações existentes no Peru e na Bolívia (Labrousse 2011).

---

[4] Em proporção vinte vezes menor do que o habitualmente consumido por um usuário comum em uma única dose de cocaína (Escohotado 2002).

Porém, apenas em 1890 alguns aspectos negativos da cocaína começaram a ser investigados (Rowe 2006) – seu potencial de vício logo ficou evidente (Iversen 2016). O uso abusivo de cocaína passou a ser um problema relacionado às grandes cidades: dos punguistas em Montreal às prostitutas do Montmartre, em Paris, passando pelas atrizes do West End, em Londres, e os universitários de Berlim, que se desfaziam de tudo para satisfazer a dependência (Courtwright 2002).

Além da dependência que lhe é inerente, hoje se sabe que referida droga tem o condão de produzir grave reação paranoica, indistinguível de um estado psicótico resultante de um transtorno mental funcional, podendo demorar semanas (após a descontinuação do uso) até o retorno ao estado normal (Rowe 2006).

No entanto, a cocaína já havia se tornado popular no final do século XIX, despertando o interesse de vários pesquisadores, inclusive Sigmund Freud (1884), que a partir de observações em terceiros e da própria experiência com a droga, professou otimismo sobre o seu potencial para combater a debilidade nervosa, indigestão, caquexia, dependência da morfina, alcoolismo, asma crônica e impotência. O autor realizou uma abrangente revisão da literatura existente sobre a droga, demonstrando entusiasmo quanto a sua utilização.

No início do século XX, a Holanda promoveu o cultivo da coca na ilha de Java, colônia que, em alguns anos, se tornaria o maior produtor mundial. Na mesma época, o Japão passou a explorar a cultura da coca em Taiwan. Dessa forma, as produções asiáticas permitiram à indústria farmacêutica alemã, holandesa e japonesa responder, entre as décadas de 1910 e 1940, à primeira grande demanda mundial proveniente do crescente consumo de cocaína (Labrousse 2011).

O tratamento jurídico dirigido ao ópio e cocaína pelo *Harrison Narcotics Tax Act of 1914*, no plano interno dos Estados Unidos da América, com efeito, teve nascedouro na base moral e puritana de sua sociedade, configurando o marco inicial do reconhecimento ao Estado para controlar, por meio da articulação entre medicina, direito e Tesouro Nacional, as práticas relacionadas ao uso do ópio, às folhas de coca, seus sais, derivados ou preparados (Lima 2009).

Embora tivesse caráter comercial e tributário, seu objetivo principal transcendia o interesse de regulamentação e taxação – configurava verdadeiro esforço para diminuir o consumo de drogas e seu livre trânsito. O argumento ético era o cerne da proscrição então inaugurada.

Seguindo o padrão estabelecido pelos Estados Unidos da América, quanto à criminalização do ópio e da cocaína, o Brasil, em 6 de julho de 1921, por força do Decreto 4.294 (Brasil 1921), estabeleceu penalidades para os transgressores na venda de cocaína, ópio, morfina e seus derivados, determinando a criação de estabelecimentos especiais para internação dos intoxicados pelo álcool e "substâncias venenosas", além de instituir normas processuais em razão dos crimes e infrações administrativas criadas em referido diploma legal.

Assim, vender, expor à venda ou ministrar "substâncias venenosas", sem legítima autorização e sem as formalidades prescritas nos regulamentos sanitários atraía a aplicação de multa. No entanto, se a "substância venenosa" tivesse "qualidade entorpecente, como o ópio e seus derivados; cocaína e seus derivados", a conduta se configuraria crime, com pena de um a quatro anos de prisão (Brasil 1921, art. 1o.). O que fundamentava a criminalização, portanto, não era o potencial lesivo de cada droga, mas simplesmente seu caráter psicotrópico.

1.3. DA ABSTINÊNCIA À EMBRIAGUEZ

Voltando ao plano interno dos Estados Unidos da América, o passo seguinte foi criminalizar o álcool, integrado à cultura dos povos desde tempos remotos. As bebidas alcoólicas, que representam a mais antiga de todas as drogas recreativas (Iversen 2016), acompanham toda a história. O registro mais distante sobre o consumo de bebida alcoólica data de 7000 a 7400 anos passados. Trata-se de um jarro de cerâmica, contendo resíduos de resina proveniente de vinho, descoberto em 1968 no Irã (McGovern, et al. 1996).

As bebidas alcoólicas não só estão integradas à cultura dos povos como, também, relacionam-se diretamente com o modelo social adotado. O nível de consumo de álcool em determinada sociedade, por exemplo, está diretamente relacionado com seu nível de ansiedade – a função principal da ingestão de álcool em todas as sociedades é, justamente, a redução da ansiedade (Horton 1943).

Não obstante, pouco tempo depois da investida contra cocaína e ópio, a Décima-oitava Emenda à Constituição dos Estados Unidos da América (US Constitution, amend. 18 1919) estabeleceu a proibição de bebidas alcoólicas naquele país, declarando ilegais sua produção, transporte e venda. Rejeitada apenas pelos Estados de Connecticut e Rhode Island, foi ratificada pelos demais Estados Federados em 16 de janeiro de 1919, entrando em vigor em 17 de janeiro de 1920.

Na sequência, ainda em 1919, os Estados Unidos da América aprovaram a *National Prohibition Act* (1919), também conhecida por *Volstead Act*, que além de proibir, passou a criminalizar a venda, a fabricação e o transporte de bebidas alcoólicas em todo o território americano.

Inaugurava-se, assim, o período da Grande Proibição, modelo que, na promessa dos seus partidários, suprimiria o vício e restituiria a dignidade e a retidão moral aos cidadãos norte-americanos. Referida lei representava, além da vitória dos segmentos sociais puritanos, a consagração do terapeutismo, promovido pelo Estado, com o controle e a ingerência sobre o comportamento individual e coletivo. Como decorrência direta do que se convencionou chamar de Lei Seca, surgiu oficialmente o crime organizado nos Estados Unidos da América. O arcabouço legal que estaria abrigando a nação contra os males do vício, fomentava também o livre desenvolvimento de atividades criminosas. A ilegalidade tornou possível o fortalecimento e a prosperidade das máfias americanas (Rodrigues 2017).

Com o álcool fora da legalidade, surgiu uma demanda clandestina e muito lucrativa. As máfias, grupos criminosos já existentes em algumas cidades, aproveitaram essa oportunidade para dominar o comércio ilegal de bebidas alcoólicas, controlando desde a produção até a distribuição em bares secretos, conhecidos como *speakeasies*. Al Capone, um dos mais famosos líderes da máfia em Chicago, construiu um império baseado no contrabando e venda ilegal de álcool, acumulando enorme poder e riqueza.

A proibição também enfraqueceu a capacidade de aplicação da lei, pois muitas vezes policiais e autoridades eram corrompidos para permitir que o comércio ilícito continuasse.

Dessa forma, o crime organizado se expandiu e diversificou suas operações para além do álcool, envolvendo-se em outras atividades ilegais, como prostituição e jogos de azar. Ao final, a Lei Seca teve o efeito contrário ao pretendido, fortalecendo as redes criminosas e promovendo a violência entre gangues rivais pelo controle do mercado ilegal.

Até mesmo Albert Einstein (2007), que conheceu esse contexto histórico de proscrição, no ano em que foi agraciado com o Prêmio Nobel de Física (1921), posicionou-se de forma incisiva acerca dos perigos decorrentes de uma lei rígida, cujo cumprimento não pode ser imposto, da qual, por isso mesmo, resultava o crescimento da criminalidade. Segundo o físico alemão, a credibilidade do governo foi consideravelmente abalada pela Décima-oitava Emenda à Constituição dos Estados Unidos da América, assim também em razão da *National Prohibition Act of 1919*:

> O prestígio do governo, sem dúvida, foi consideravelmente abalado em razão da *Prohibition law*. Nada é mais destrutivo ao respeito pelo governo e sua lei do que a aprovação de normas que não podem ser impostas. Isto é um tipo de segredo aberto, que o perigoso aumento da criminalidade neste país está intimamente ligado a esse fato. (Einstein 2007, 40-41)[5]

---

[5] O pensamento de Albert Einstein não difere daquele esposado por Beccaria (2001, 675), segundo o qual "vereis crescerem os abusos à medida que os impérios aumentam. Ora, como o espírito nacional se enfraquece na mesma proporção, o pendor para o crime

Após 13 anos de vigência, a proscrição, quanto às bebidas alcoólicas, foi abolida em 5 de dezembro de 1933, com a entrada em vigor da Vigésima-primeira Emenda à Constituição dos Estados Unidos da América (US Constitution, amend. 21 1933), que revogou a Décima-oitava Emenda. A revogação não eliminou de imediato o poder das máfias, mas sinalizou o reconhecimento de que a criminalização do álcool havia falhado em seus objetivos.

O fato de as bebidas alcóolicas estarem vinculadas à cultura de todos os povos foi preponderante para que essa droga resistisse às investidas de proscrição ou mesmo de regulação mais incisiva. As campanhas contra o consumo de álcool e demais psicotrópicos, presentes no final do século XIX e início do século XX, eram muito semelhantes. Os mesmos argumentos morais lançados contra os (denominados) narcóticos, foram usados em relação ao álcool. No entanto, ao longo do tempo, as bebidas alcoólicas resistiram aos entraves jurídicos que baniram as outras drogas consideradas ilícitas.

Com efeito, David T. Courtwright (2002, 3309) explica esse fato, ao qual considerou como o "estatuto privilegiado do álcool", a partir do interesse econômico das nações ocidentais, que dominavam os assuntos econômicos e diplomáticos no

crescerá em razão da vantagem que cada um descobre no abuso mesmo; e a necessidade de agravar as penas seguirá necessariamente igual progressão".

mundo. Toma a França do início do século XX por exemplo, onde a indústria do álcool (produtores, varejistas, transportadores, fabricantes de cortiça, dentre outras atividades) garantia a subsistência de, aproximadamente, 5 milhões de pessoas, 13% de sua população. Cita também a Rússia, cuja arrecadação com impostos decorrentes da indústria das bebidas alcoólicas equivalia a todo orçamento militar (Courtwright 2002).

O mesmo se verificava em todas as nações ocidentais e em muitos governos coloniais na África e Ásia. O ópio, por outro lado, foi gradualmente declinando em importância, sobretudo no Império britânico. O comércio de ópio a partir da Índia e China restou mitigado no final dos séculos XIX e XX, o que minimizou a resistência da Grã-Bretanha em tornar tal substância regulada e, posteriormente, proscrita.

Atualmente, o mercado global de bebidas alcoólicas é avaliado em aproximadamente US$2,31 trilhões, com expectativa de crescimento para US$2,52 trilhões em 2024 (Fortune Business Insights 2024). Esse mercado está em expansão devido ao aumento no consumo de bebidas *premium* e às mudanças nos hábitos de consumo, como a crescente popularidade de destilados *super-premium* e o crescimento do comércio eletrônico de bebidas alcoólicas. Para que se tenha uma ideia do crescimento, em 2015, a produção de vinho, cerveja e bebidas destiladas tinha vendas anuais no importe de US$1 trilhão (Iversen 2016).

Mas não se trata apenas da questão econômica: o álcool, assim como o cigarro, continuamente fez parte da vida das figuras mais proeminentes e dos costumes dos grupos sociais dominantes, que realmente detinham o poder de decisão acerca de quais substâncias seriam nocivas ao convívio social e quais seriam absolutamente aceitáveis. O mesmo se diga quanto aos formadores de opinião – artistas, professores e jornalistas, por exemplo (Courtwright 2002).

A aceitação social do álcool está intimamente ligada a fatores culturais, econômicos, fiscais e de poder, sendo menos influenciada por seu status legal. Em muitas sociedades, o álcool é tradicionalmente associado a momentos sociais, celebrações e práticas religiosas, o que garante sua presença cultural contínua. Por exemplo, em várias culturas ocidentais, o consumo de vinho ou cerveja faz parte da identidade nacional, como na França e na Alemanha.

1.4. CACHIMBO DA GUERRA

Voltando à década de 1930, a política externa norte-americana para o controle das drogas experimentou uma composição aparentemente contraditória e irônica. Enquanto, no plano interno, os Estados Unidos da América reconheciam a falência do modelo proibicionista para a produção e consumo de bebidas alcoólicas (apenas para esse tipo de substância), no âmbito das relações internacionais se intensificou o combate às drogas oriundas de países economicamente periféricos ou de alguma forma vinculadas à industrialização nos Estados europeus, com os quais desenvolviam forte disputa comercial. Alargou-se a criminalização das substâncias psicoativas.

As iniciativas transnacionais de controle de determinadas substâncias repetiam a nova divisão internacional do poder, que se fortalecia com a consolidação da liderança mundial pelos Estados Unidos da América, de forma particular, anunciado as bases dessa divisão no âmbito das mercadorias psicotrópicas: as consideradas legais, inerentes à cultura dos países hegemônicos (álcool e tabaco, por exemplo), e as ilícitas, criminalizadas, com origem nas tradições de Estados menos influentes no campo das relações internacionais (Lima 2009).

Nesse contexto histórico, em 1935, o presidente Franklin D. Roosevelt, apoiou publicamente a adoção, pelos demais entes da federação, da *Uniform State Narcotic Drug Act* (1934), cujo objetivo consistia em uniformizar, no âmbito interno, a proscrição e criminalização das drogas consideradas psicoativas (justamente aquelas não vinculadas à cultura norte-americana) em todos os seus estados. O argumento ético, com marcante viés étnico, dava tônica ao discurso.

Paralelamente à crescente proibição doméstica, os Estados Unidos da América, que desde o início do século XX desempenham papel central nos acordos e organizações internacionais que tratam do problema dos psicotrópicos e do narcotráfico (Woodiwiss 2005), avançavam na proscrição internacional, impondo seu padrão legislativo em relação às drogas aos demais Estados.

Assim, confirmando seu protagonismo e liderança no combate às substâncias psicoativas e consequente criminalização, impuseram sua ideologia na Conferência de Genebra de 1931, conseguindo dos Estados participantes (com exceção de alguns poucos países europeus) o compromisso de tomarem as providências contra a disseminação do vício no âmbito interno de cada um deles.

A partir da metade da década de 1930, o alvo passou a ser a maconha, outra droga milenar. O cânhamo é natural das estepes do Turquistão, uma zona que corresponde hodiernamente às repúblicas da Ásia Central e Noroeste da China, onde ainda cresce em estado selvagem, principalmente entre o Cazaquistão e o Quirquistão, cobrindo aproximadamente 150 mil hectares. Esteve presente na cultura egípcia e assíria (Labrousse 2011), sendo utilizada pelo homem há seis mil anos para diversos fins, considerando-se, por isso, um cultivo valioso, multiuso, que proporcionava a produção tanto de um importante fármaco, como também óleo de cozinha, sementes comestíveis, forragem e fibras de cânhamo – estas, matéria prima para fabricação de cordas, redes de pesca e têxteis, principalmente para a população pobre chinesa, vez que a seda era reservada para as roupas dos ricos (Courtwright 2002).

No continente asiático, a maconha foi integrada aos rituais do hinduísmo, posteriormente ao budismo, acompanhando este durante toda a sua fase de difusão. Nos séculos I e II, os romanos faziam uso do cânhamo para produção, em larga escala, das cordas utilizadas em seus navios. A partir do século VII, a expansão do islamismo desempenhou papel fundamental na propagação da *cannabis*, substância já então integrada à sua cultura. Aliás, foram os mercadores muçulmanos que a introduziram em todo o Oriente Médio. Em seguida, no início do século XI, a introduziram comercialmente na África Subsaariana e no Marrocos (Labrousse 2011).

Não obstante, os islâmicos se relacionaram de forma contraditória com a *cannabis*, ora a associando a rituais distantes de seus dogmas, o que quase a conduziu à proscrição, ora sendo tolerada e largamente utilizada. Essa posição contraditória se deve, em parte, à sua associação com os *sufi gari*[6], que a

---

[6] Praticantes do sufismo, uma corrente mística e contemplativa do Islã, que prega uma relação íntima, direta e perene com Deus, através de cânticos, música e dança, o que é considerado prática ilegal pela sharia de vários países muçulmanos.

utilizavam para fins místicos, os quais as autoridades ortodoxas viam com desconfiança.

Apesar de tentativas esporádicas para suprimir o cultivo, em meados do século XVI, a produção dos canabinoides já se fazia bem estabelecida, especialmente no delta do Nilo. Logo após, os comerciantes árabes tiveram sucesso com a propagação da maconha ao longo da costa leste da África, de onde se expandiu para as regiões centrais e sul do continente. O uso desse psicotrópico, ao contrário do tabaco, floresceu entre os *Khoikhoi*, *San* e outros povos da África do Sul, bem antes do contato europeu (Courtwright 2002).

Na Europa ocidental, foi condenada no século XV pela Igreja Católica, passando a ser marginalizada, em contraste a outras substâncias aceitas pela sociedade e religião, como o vinho e a cerveja (Labrousse 2011), o que não significou prejuízo à sua expansão no continente, nem corrompeu seu uso para outros fins.

A *cannabis*, em suma, teve grande propagação na maior parte do Velho Mundo, no tempo que Colombo e seus três navios, palmados com corda de cânhamo, partiram de Palos de La Fronteira, na manhã de 3 de agosto de 1492 (Courtwright 2002).

Nessa mesma perspectiva, no século XVIII, a expedição de Napoleão Bonaparte ao Egito contribuiu para popularizá-la entre médicos e escritores (Labrousse 2011). A Espanha a cultivou em suas colônias entre os séculos XVI e XIX

(Courtwright 2002). Ainda no século XVIII, na Inglaterra, os sábios e curiosos a importavam da Índia. Assim, os britânicos introduziram na Jamaica sua cultura, buscando a extração das fibras do cânhamo. A partir de metade do século XIX, os escravizados situados naquela ilha passaram a fazer uso da maconha para fins ritualísticos e recreativos (Labrousse 2011).

No Brasil, a *cannabis* chegou com os escravizados angolanos que passaram a cultivá-la, após 1549, por entre as plantações da cana-de-açúcar, com a permissão dos proprietários dos engenhos. Os angolanos a chamavam de maconha. Nesse contexto, algumas comunidades indígenas passaram a utilizá-la para os mais diversos fins, de medicinais, recreativos e revigorantes à confecção de cordas e roupas. O Nordeste foi a região do Brasil que mais absorveu a cultura da maconha (Courtwright 2002).

Da Jamaica, a *cannabis* se inseriu no México, onde os camponeses lhe deram o nome *marijuana*. Do México, cruzou a fronteira e se instalou nos Estados Unidos da América no início do século XX, trazida por imigrantes provenientes daquele país e por marinheiros caribenhos (Labrousse 2011).

Com efeito, o hábito de fumar maconha se instalou nos Estados Unidos da América com a chegada de mais de um milhão de trabalhadores mexicanos, que adentraram pelo Sudoeste nas três primeiras décadas do século XX. Dezenas de milhares destes recém-chegados espalharam-se do Meio Oeste, trabalhando em construções, ferrovias, fábricas e moinhos, até a cidade de Chicago (Courtwright 2002).

Ao mesmo tempo, a maconha se disseminava pelo Norte e pelo Leste de Nova Orleans, onde marinheiros caribenhos e sul-americanos a inseriram a partir de 1910. A cultura do cigarro, que habituou os americanos a absorvem a droga por meio dos pulmões, facilitou a propagação do uso da maconha, já contando com uma oferta doméstica abundante (Courtwright 2002).

No Tennessee, os presidiários, sujeitos ao trabalho forçado, fumavam os pequenos ramos de flores secas, que cresciam ao longo da estrada. Os próprios detentos de San Quentin cultivavam sua maconha nos terrenos das prisões (Courtwright 2002).

Nesse contexto, em 1937, a *Marihuana Tax Act* (1937) foi aprovada. O uso pessoal e terapêutico do cânhamo continuava permitido. Ironicamente, a lei estabelecia um imposto simbólico, a partir de US$1,00, por qualquer atividade comercial ou medicinal remunerada do cânhamo, ao passo em que previa multa US$2.000,00 e/ou prisão de 5 anos por qualquer violação aos seus preceitos ou ao seu regulamento que, por sua vez, apresentava-se extremamente complexo e invasivo à privacidade.

Sempre que um médico, odontólogo ou veterinário, por exemplo, prescrevesse a *cannabis*, deveria informar minunciosamente ao Tesouro sobre a pessoa do paciente, sua doença, motivos da prescrição e demais pormenores que o caso demandasse – da simples omissão ou defeito impunham-se as penas. Cumprir fielmente o regulamento era impraticável para qualquer usuário, profissional ou empresa.

Alguns autores defendem que o objetivo latente da lei era destruir a indústria do cânhamo (French e Manzanárez 2004), para proteger o negócio da celulose e dos tecidos sintéticos (Gerber 2004). É que a fibra da maconha representa um excelente insumo para produção de papel[7] e têxteis. Com a introdução de novas técnicas de extração, havia se tornado uma alternativa viável e mais barata. Especificamente quanto à indústria do papel, por exemplo, o custo da matéria-prima para sua produção a partir do cânhamo passou a representar aproximadamente metade daquela realizada por meio da celulose (Rowe 2006).

O certo é que havia muitos interesses envolvidos na proscrição da maconha. Nesse sentido, Thomas C. Rowe (2006) destaca que a história da *Marihuana Tax Act of 1937* se confunde com a biografia de três personalidades que, por razões pessoais, foram determinantes para a proibição do cultivo e consumo da *cannabis*: Hamilton Wright, William Randolph Hearst[8] e,

---

[7] O cânhamo foi utilizado pela primeira vez para produção de papel em torno do ano 100 antes de Cristo.

[8] Personalidade influente e polêmica, imortalizada no filme *Citizen Kane* (Welles 1941), escrito, produzido, dirigido e estrelado por Orson Welles, lançado em 1941, considerado pela American Film Institute (2007) como "o maior filme de todos os tempos".

principalmente, Harry J. Anslinger. Todos teriam sido conduzidos por agendas próprias e qualquer verdade ou evidência que entrasse em conflito com seus interesses era prontamente descartada.

Com efeito, em 1930, o *Bureau of Narcotics* foi criado no Departamento do Tesouro dos Estados Unidos da América e Harry J. Anslinger foi nomeado seu diretor pelo então Secretário do Tesouro, Andrew Mellon, tio de Anslinger, por casamento (Robinson e Scherlen 2007, Fahey e Miller 2013), e proprietário do *Mellon Bank*, um dos bancos da *DuPont Corporation*.

Esta, por sua vez, também era a maior indústria de madeira e papel dos Estados Unidos da América. Tais figuras mantinham laços estreitos com William Randolph Hearst, magnata da madeira e do papel, proprietário de vários grandes jornais. Hearst usou seus diários na luta contra a maconha, beneficiando a indústria do papel-celulose e a difusão do uso do poliéster (no qual também havia investido), ambos então ameaçados pelo cânhamo. A *DuPont* tinha acabado de desenvolver o *nylon*, cuja difusão também seria prejudicada pela exploração têxtil daquela fibra vegetal (Robinson e Scherlen 2007, Straight 2005).

Mas isso não era o bastante para viabilizar a proscrição da *cannabis* – uma base social era necessária. Nos Estados Unidos da América da década de 1930, a maconha era associada a certos grupos étnicos, principalmente em relação aos trabalhadores mexicanos. Na mesma época, ainda sob a sombra da Grande Depressão, os cidadãos norte-americanos residentes nos Estados do Sul pressionavam os congressistas a resolverem o problema da imigração mexicana – viam naquela etnia uma concorrência para os já escassos empregos. O resultado foi a repatriação em massa daqueles (Rowe 2006).

Referido quadro social possibilitou que William Randolph Hearst, por meio de seus vários jornais e veículos de comunicação, no caminho aberto pela xenofobia já instalada, passasse a promover uma forte campanha contra a maconha e seus usuários, associando-os aos atos de violência e comportamentos degenerados[9] que assustavam a maioria branca. Mais uma vez em evidência o argumento ético a partir de um ponto de vista étnico.

A participação de Hearst nos jornais norte-americanos era impressionante, incluindo o *San Francisco Examiner* (a partir de 1887), *The New York Morning Journal* (1895), *The Evening Journal* (1896), *The Chicago Examiner* (1902) e o *The Boston American* (1904). Também publicava revistas, incluindo a *Cosmopolitan* e a *Harper's Bazaar*. Em seu auge, chegou a ter

---

[9] Não olvidar que "o sistema penal atua sempre seletivamente e seleciona de acordo com os estereótipos fabricados pelos meios de comunicação em massa. Estes estereótipos permitem a catalogação dos criminosos que combinam com a imagem que corresponde à descrição fabricada, deixando de fora outros tipos de delinquentes (delinquência do colarinho branco, dourada, de trânsito, etc.)" (Zaffaroni 1991, 130).

30 milhões de leitores e uma fortuna de US$220 milhões (Rowe 2006).

Embora não se possa afirmar, ao certo, as intenções de William Randolph Hearst, pois suas razões não são claras, podendo-se apenas especular que o tenha feito no intuito proteger sua participação na indústria do papel (Herer 2010), o importante é que sua campanha contra a maconha foi decisiva[10] para o advento da *Marihuana Tax Act of 1937* e a proscrição do cânhamo – cujo efeito rematou por beneficiar sua própria indústria.

Posteriormente, ainda nos Estados Unidos da América, o *Narcotics Control Act* (1956) tornou mais rígido o controle de maconha, dando suporte a criminalização irrestrita do uso e comercialização da substância e seu princípio ativo, o que acabou sendo repetido nos textos legislativos dos mais diversos Estados soberanos.

Após sua criminalização irrestrita, a *cannabis* foi incorporada à cultura *hippie*, proveniente do movimento *beat* (Iversen 2016), na moda entre os intelectuais da década de 1950. A exposição dos *hippies* na mídia despertou o interesse dos jovens, sobretudo em razão ao desencanto quanto à guerra do Vietnã, ao materialismo suburbano e à segregação. Referida droga, então,

---

[10] É que "o poder de controlar o fluxo de informação é o poder de controlar a forma como o ser humano pensa. A capacidade de determinar, dirigir e selecionar informação pode transformar-se numa fonte de poder comparável à dos detentores de grandes recursos naturais, tecnológicos e econômicos" (Machado 2005, 3).

passou a ser um símbolo de rebelião, popular entre os estudantes universitários e de nível médio.

Sua aceitação era tanta que, até o ano de 1979, cerca de 55 milhões de americanos já tinham experimentado alguma fórmula desse psicoativo. Dois terços dos indivíduos com idade entre 18 a 25 anos haviam consumido a *marijuana*. Ironicamente, a partir dos Estados Unidos da América, rapidamente a droga se tornou um fenômeno mundial (Courtwright 2002). Atualmente, dados de 2022, há no mundo 228 milhões de usuários de *cannabis* (UNODC 2024).

Mais recentemente, alguns estados americanos passaram a dar um certo *status* de legalidade ao consumo de *cannabis*. A legalização da maconha nos Estados Unidos da América tem sido um processo gradual, marcado por importantes mudanças sociais e políticas, que começaram a ganhar força no final do século XX e se aceleraram ao longo do século XXI.

O primeiro passo significativo foi dado em 1996, quando a Califórnia se tornou o primeiro estado a legalizar o uso medicinal da maconha com a aprovação da Proposição 215. Esse marco abriu caminho para que outros estados adotassem legislações semelhantes, como Alasca, Oregon e Washington, que seguiram o exemplo nos anos seguintes. Essa fase inicial de legalização medicinal se baseou principalmente no reconhecimento dos benefícios terapêuticos da maconha, mesmo em um contexto de forte proibição federal.

O movimento pela legalização da maconha para uso recreativo começou a ganhar força apenas em 2012, quando os eleitores do Colorado e de Washington aprovaram referendos que legalizaram a posse e o uso da substância para adultos maiores de 21 anos. Essas iniciativas foram um divisor de águas, pois pela primeira vez estados dos Estados Unidos da América estabeleceram mercados legais e regulamentados para a maconha recreativa. A partir de então, outros estados seguiram o mesmo caminho. Em 2014, o Alasca e o Oregon legalizaram o uso recreativo, e, em 2016, a Califórnia aprovou a Proposição 64, consolidando a tendência em um dos maiores mercados daquele país.

Nos anos seguintes, o movimento ganhou ainda mais impulso. Em 2018, Vermont se tornou o primeiro estado a legalizar o uso recreativo por meio de legislação, em vez de referendo. Em 2020, mais estados como Nova Jersey, Montana e Arizona se juntaram à lista de legalizadores através de referendos, e em 2021, Nova York e Novo México também aprovaram leis que regulamentaram o uso recreativo.

Embora muitos estados tenham legalizado a maconha para uso recreativo, a substância permanece ilegal em nível federal, classificada como droga da Tabela I, o que cria tensões entre as legislações estaduais e federais. Isso afeta diversos aspectos, como a fiscalização, as operações bancárias e a regulamentação comercial, uma vez que, tecnicamente, o comércio e o uso da maconha ainda são crimes federais. Afeta principalmente a posição externa dos Estados Unidos da América, que segue sendo contra a legalização.

A legalização da maconha não apenas reconfigurou o panorama social e econômico em muitos estados, mas também impulsionou debates sobre justiça social. Muitos estados têm focado em reparar injustiças passadas, como a prisão desproporcional de minorias por crimes relacionados à maconha, promovendo a expurgação de registros criminais e incentivando a participação de grupos minoritários no crescente mercado de *cannabis*.

Dessa forma, embora a maconha ainda seja uma questão complexa no âmbito federal, a legalização no âmbito estadual tem se expandido rapidamente, refletindo uma mudança cultural em relação ao uso da substância e criando um novo mercado legal de bilhões de dólares. A evolução desse cenário continuará a moldar o futuro das políticas de drogas no país, com possíveis implicações em nível federal, caso o governo decida revisar sua postura proibicionista.

1.5. CONSOLIDAÇÃO DO PECADO

Voltando à década de 1960, ainda sob a influência dos Estados Unidos da América, ocorreu a Convenção Única de Nova Iorque sobre Entorpecentes, em 30 de março de 1961. A expressão "Convenção Única" foi-lhe designada justamente por consolidar e atualizar, já no período da Guerra Fria, os instrumentos normativos internacionais anteriores quanto ao combate às drogas. Entre os tratados internacionais cessados e substituídos se incluem desde a Convenção Internacional do Ópio de 1912 ao Protocolo de 1953 (Lima 2009).

A rigor, constitui-se em um largo sistema internacional de controle, impondo aos Estados a inclusão em seu direito interno das estratégias e medidas nela estabelecidas. Além disso, reforçou o combate ao cultivo, produção, circulação e comércio de drogas nos países. Como meta, formulou prazos para a paulatina eliminação do ópio (15 anos), além da cocaína e *cannabis* (25 anos), o que, obviamente, não ocorreu (Boiteux, et al. 2009).

Dessa forma, a Convenção Única de Nova Iorque sobre Entorpecentes de 1961 passou a ser o mais abrangente tratado internacional sobre as substâncias psicoativas. Composta de 51 artigos, relaciona o que seriam os psicotrópicos, classificando-os segundo suas propriedades; prescreve as medidas de controle e fiscalização, estabelecendo restrições especiais aos que considera particularmente perigosos; regula o processo para a inclusão de novas substâncias que devam ser controladas; determina a competência da Organização das Nações Unidas (ONU) quanto à fiscalização internacional relacionada às drogas; estabelece as medidas que devem ser adotadas no plano interno contra o narcotráfico, impondo aos Estados o dever de assistência recíproca; além de prescrever disposições penais, recomendando que todas as formas dolosas de tráfico, produção, cultivo e posse de substâncias ilícitas sejam punidas adequadamente (Lima 2009).

O modelo proibicionista-punitivo adotado na primeira fase de criminalização das drogas foi fundamentado em dois princípios fundamentais: um de natureza moral-religiosa e outro de caráter higienista. O primeiro, de ordem moral-religiosa, está profundamente relacionado com a visão de que o consumo de drogas é imoral ou pecaminoso, frequentemente associado a campanhas promovidas por grupos religiosos que viam a abstinência como a única solução possível para combater o que era considerado um comportamento desviante. Esse princípio moldou grande parte da retórica inicial contra o uso de substâncias psicoativas.

O segundo princípio, de ordem higienista, visava estabelecer um ideal de saúde pública, promovendo a ideia de um mundo livre de drogas. Essa perspectiva era guiada por preocupações com a saúde e a ordem social, assumindo que a erradicação do uso de drogas contribuiria para uma sociedade mais saudável e estável. No início do século XX, essa visão foi reforçada pelo movimento de eugenia e pelo desejo de "purificar" a sociedade de influências que eram vistas como degradantes ou degenerativas.

Ambos os princípios se entrelaçaram para justificar a criação de políticas punitivas e repressivas, que criminalizaram não apenas o comércio, mas também o consumo de drogas, criando as bases para a guerra às drogas moderna. Esse modelo focava na repressão e no controle, ao invés de em uma abordagem de saúde pública ou de redução de danos, o que acabou resultando em altos índices de encarceramento e na marginalização de usuários de drogas, sem resolver o problema do uso abusivo.

2. O MEIO JUSTIFICA O FIM

Voltando ao plano interno dos Estados Unidos da América e a imposição de sua política aos demais Estados, embora a filosofia norte-americana de controle de drogas tenha se refinado no início da década de 1960, não houve por essa época um rompimento fundamental com a essência da política anterior, que se baseava na convicção irracional da honradez moral dominante naquele país no começo do século XX (Woodiwiss 2005).

Richard Nixon preservou o antigo dogma de que era viável alcançar um país livre das drogas. Na sua ótica, o esforço interno constante deveria ser combinado com o vigor perene no exterior, transformando a luta contra as drogas em uma de suas prioridades, pelo que determinou o envolvimento, cooperação e apoio de todos os ministérios e agências governamentais quanto ao tema (Woodiwiss 2005).

Assim, intensificando o controle sobre as substâncias consideradas ilícitas, deu-se início à "guerra às drogas" com o *Comprehensive Drug Abuse Prevention and Control Act of 1970* que, além de regulamentar e classificar o uso de medicamentos alegadamente com base na intrínseca capacidade de dependência e abuso, consolidou todo o arcabouço legal anterior quanto à identificação e proscrição das drogas consideradas ilegais. Referida lei incumbiu ao *Drug Enforcement Administration (DEA)*, vinculado ao Departamento de Justiça dos Estados Unidos da América, a competência para indicar quais drogas seriam de uso e comercialização proibidos.

Richard Nixon trouxe definitivamente o debate sobre as drogas para o campo da ética, justificando sua política de guerra contra as drogas, em nome do combate ao mal, tendo como objetivo um mundo livre das substâncias psicoativas. Sua guerra seria travada em duas frentes: redução da produção e redução da demanda, tudo por meio da coação própria ao direito penal (Nutt 2012). A progressiva criminalização, portanto, era o meio pelo qual os Estados livrariam a sociedade do consumo de drogas.

Embora o argumento moral ainda se fizesse muito forte, a guerra às drogas apresentava, nesse período, contornos objetivos – perseguia um fim: a eliminação de todas as substâncias ilícitas. A criminalização das substâncias psicotrópicas se tornou meio. Havia chegado "o momento de tomar uma série de medidas internas que permitissem, mais tarde, enfrentar o problema em nível internacional e, ao mesmo tempo, contar com uma normativa jurídica internacional que facilitasse a ação" (Olmo 1990, 42).

Um memorando, datado de 29 de setembro de 1969, enviado por Henry Kissinger, à época Assessor para Segurança Nacional no governo Nixon, a William Rogers, então Secretário de Estado, sintetiza a essência da política norte-americana no que é pertinente à criminalização das drogas, mantida até os dias atuais. No ofício, Henry Kissinger alertava estar o presidente convencido de que o problema do vício em narcóticos nos Estados Unidos da América havia chegado a proporções que constituiriam um perigo para estabilidade nacional. Lembrando que a maior parte dos narcóticos (sobretudo a heroína) seriam cultivados e produzidos em países estrangeiros e contrabandeados para os Estados Unidos da América, alertou que o presidente considerava que qualquer país facilitador do tráfico internacional de heroína estaria cometendo um ato hostil aos interesses pátrios (Woodiwiss 2005).

Ao final, recomendou a imediata elaboração de um programa de ação que tornasse veementemente claro aos países que cultivavam papoulas de ópio a proibição de sua cultura não medicinal. Aos países que fabricavam o produto final da heroína, a ordem era que seus laboratórios ilegais fossem fechados. Sugeriu ainda que, no referido plano, deveriam ser considerados métodos de persuasão positiva, inclusive incentivos financeiros para cooperação quanto ao controle do tráfico da heroína, assim como de retaliação, caso algum país se recusasse a cooperar.

Nesse sentido, aprovou-se o *Narcotics Control Trade Act* (1974), que ocasionou graves reflexos na comunidade internacional nas décadas seguintes. Em síntese, a lei determinava que os países produtores ou de trânsito de drogas que deixassem de cooperar com as políticas norte-americanas de proscrição estariam sujeitos a uma série de sanções, inclusive a suspensão de ações de cooperação e incremento nas alíquotas de impostos e tarifas alfandegárias. Ou seja, os demais Estados deveriam acatar a política dos Estados Unidos da América quanto às substâncias psicoativas e se tornar seus aliados na guerra às drogas, adotando o modelo de criminalização fornecido, sob pena de sofrer prejuízos financeiros e econômicos (Woodiwiss 2005).

Após Richard Nixon, os governos dos presidentes Gerald Ford e Jimmy Carter[11] (este menos) prosseguiram no combate às drogas nos mesmos moldes e vieses de seus antecessores, mantendo a guerra já declarada por aquele. Durante o governo de Gerald Ford, entre 1974 e 1977, a política de combate às drogas nos Estados Unidos da América foi marcada pela continuidade do enfoque proibicionista que havia sido iniciado nas administrações

---

[11] Posteriormente, Jimmy Carter (2011) publicou no *The New York Times,* em 16 de junho de 2011, artigo intitulado *Call Off the Global Drug War*, no qual critica a guerra contra as drogas e reconhece seu fracasso.

anteriores, especialmente sob o governo de Richard Nixon. Ford deu seguimento a essas políticas, consolidando e expandindo as medidas repressivas e de controle ao uso e tráfico de entorpecentes, sem grandes inovações na abordagem.

O Programa Nacional de Controle de Abuso de Drogas, proposto por Ford em 1976, buscava coordenar os esforços do governo federal no combate ao uso e ao tráfico de drogas. A criação da *Drug Enforcement Administration (DEA)* em 1973, durante o governo Nixon, foi fortalecida na administração Ford, com a intensificação das ações repressivas. A DEA atuava tanto no controle interno quanto na repressão ao tráfico internacional, com operações coordenadas em colaboração com governos de países produtores, principalmente na América Latina. A estratégia se baseava no controle do suprimento de drogas, em vez de focar na demanda ou em programas de tratamento e prevenção.

Esse período foi caracterizado por um esforço concentrado no combate ao tráfico de drogas, com foco na repressão e na criminalização das atividades relacionadas às substâncias ilícitas. A administração Ford manteve o discurso de que a aplicação da lei e o controle das fronteiras eram as melhores formas de lidar com o problema das drogas.

Um aspecto relevante dessa política foi o envolvimento internacional, com o governo Ford continuando as parcerias com países produtores de drogas para tentar interromper o fluxo de substâncias ilícitas para os Estados Unidos. Essas iniciativas, no entanto, demonstraram limitações, uma vez que, apesar dos esforços de controle, o consumo de drogas entre os jovens continuava a aumentar, particularmente com o uso de maconha e heroína.

A administração Ford teve foco exclusivo na repressão, sem investir significativamente em programas de prevenção ou tratamento para dependentes de drogas. Ao contrário de políticas que viriam mais tarde, como as implementadas nos anos 1980, que incluiriam esforços em tratamento e reabilitação, Ford seguiu uma linha dura contra as drogas, reforçando a criminalização do consumo e o combate ao tráfico, sem abordar de forma eficaz as causas subjacentes ao abuso de drogas. Isso perpetuou um ciclo de encarceramento e marginalização, particularmente entre as minorias, sem resolver os problemas associados ao vício.

Em suma, a política de drogas do governo de Gerald Ford deu continuidade à abordagem proibicionista, fortalecendo o aparato de repressão e aplicando uma estratégia focada na criminalização e no combate ao tráfico.

Durante o governo de Jimmy Carter (1977-1981), a política de combate às drogas nos Estados Unidos apresentou uma pequena mudança de enfoque em relação às administrações anteriores. Carter adotou uma abordagem mais moderada, especialmente em relação à maconha, refletindo as mudanças culturais da época e uma tentativa de suavizar a postura repressiva da guerra às drogas, que havia sido intensificada nos governos de Nixon e Ford. Carter via a criminalização de pequenos delitos relacionados à maconha como contraproducente e, por isso, sua administração foi marcada por esforços para descriminalizar o uso de pequenas quantidades da droga.

Em 1977, o presidente Carter fez um discurso ao Congresso, pedindo pela descriminalização da posse de até 28 gramas de maconha para uso pessoal. Essa postura foi apoiada por setores da população e refletia uma crescente aceitação social da droga, especialmente entre os jovens. Sob sua liderança, o porte de maconha para consumo próprio foi amplamente descriminalizado (não legalizado) em diversos estados, permitindo que pessoas pegas com pequenas quantidades não fossem presas, mas sim sujeitas a multas. Essa política diferenciava-se das abordagens anteriores e das políticas que viriam após o seu governo, nas quais a repressão voltaria a ser o foco central.

No entanto, Carter enfrentou desafios significativos ao implementar essa abordagem mais liberal. Um dos principais fatores que enfraqueceu sua política foi o crescimento do uso de drogas ditas "mais pesadas", como a cocaína. Durante sua administração, houve um aumento no consumo de cocaína e no desenvolvimento do mercado de drogas consideradas "mais perigosas", o que provocou uma reação de conservadores e grupos de defesa da aplicação rigorosa da lei, que se opunham a qualquer tentativa de arrefecer as regras sobre substâncias ilícitas.

Além disso, a administração Carter foi prejudicada por escândalos relacionados ao consumo de drogas, como o caso de Peter Bourne, um de seus assessores de política sobre drogas. Bourne foi forçado a renunciar após ser acusado de uso recreativo de drogas em uma festa, o que prejudicou a imagem pública do governo e minou seus esforços para avançar uma política de descriminalização mais ampla.

Ao final de sua presidência, a tentativa de Jimmy Carter de seguir uma abordagem mais progressista e voltada para a redução de danos não conseguiu consolidar-se. O foco mais brando na repressão foi rapidamente revertido durante o governo de Ronald Reagan, que intensificou a guerra às drogas e reestabeleceu a criminalização rígida como política central de combate ao uso de substâncias ilícitas.

Assim, a era Carter representou um breve momento de tentativa (sem muito êxito) de equilíbrio entre o combate e uma abordagem mais tolerante e pragmática em relação ao uso de drogas, particularmente da maconha, mas seus esforços foram prejudicados tanto pelo contexto social quanto por questões políticas e escândalos internos.

Assim, a comunidade internacional continuou a seguir a política de proscrição norte-americana. Os resultados, entretanto, foram praticamente nulos. Ao final da década de 1970, demanda e oferta eram sensivelmente maiores e os danos à saúde pública decorrentes do uso abusivo de drogas haviam crescido substancialmente.

3. O FIM SE JUSTIFICA

Se, na segunda fase da criminalização das drogas, a abordagem penal se estabelecia como meio de livrar o mundo das substâncias psicotrópicas, prometendo a proteção do bem juridicamente tutelado (a incolumidade pública), quando se tornou evidente a impossibilidade de vencer o narcotráfico, a intervenção punitiva para o problema das drogas, em sua terceira fase, passou a representar um fim em si mesmo.

Após o fenecimento da Guerra Fria, órfãos de um argumento para manutenção da militarização e exercício do poder hegemônico que dela decorre, os Estados Unidos da América preencheram esse vazio político-ideológico com a escalada da guerra às drogas, desta feita centrada na luta contra o narcotráfico.

Ironicamente, o mesmo fracasso da criminalização das drogas, evidenciado na segunda fase, que propiciou o recrudescimento do combate ao narcotráfico, fez surgir, sobretudo no continente europeu, políticas públicas direcionadas à redução dos danos decorrentes do uso abusivo de substâncias ilícitas, tendo por foco o tratamento do usuário, que passou a ser considerado alguém que necessita de cuidados, não um delinquente. O direito penal das drogas arrefeceu quanto aqueles que criam a demanda e recrudesceu contra os que a suprem. De um lado, a estratégia de militarização contra o negócio das drogas; do outro, a abordagem de saúde pública em relação às pessoas que utilizam substâncias ilícitas.

3.1. A MILITARIZAÇÃO DA GUERRA

A década de 1980 tornou-se emblemática quanto à adoção do modelo norte-americano de combate ao crime pelos mais variados Estados soberanos[12], mas esse fenômeno mostrou-se ainda mais contundente em relação aos psicotrópicos, cuja estratégia "passou a incorporar uma visão intervencionista e militarizada justificadora de intervenções em países latino-americanos a pretexto de 'combater' o tráfico de drogas" (Boiteux 2011, 106).

Foi nesse sentido que Ronald Reagan, presidente dos Estados Unidos da América a partir do ano de 1981, já no início de seu mandato, demonstrou, em discurso, sua preocupação e

---

[12] Sobre esse fenômeno, sua origem e causa, além de seus efeitos no Brasil, conferir Pedro Abramovay e Vera Malaguti Batista (2010).

vontade em intensificar a guerra às drogas, recrudescendo os tipos penais que lhe dão sustentação, anunciando que empunharia a bandeira de batalha contra as substâncias psicoativas consideradas ilícitas. Sob o seu governo, as penas em razão do comércio ilícito de drogas foram majoradas e se instituiu, como regra, o confisco dos bens utilizados para o tráfico ou adquiridos em sua decorrência (French e Manzanárez 2004).

Durante os dois mandatos do Presidente Ronald Reagan, a legislação interna acerca do uso e comércio das substâncias psicotrópicas recrudesceu e as forças armadas dos Estados Unidos da América passaram a se envolver diretamente na guerra contra as drogas. Além disso, o governo passou a ter postura mais rígida no campo diplomático quanto à questão do narcotráfico, ao ponto de impor sanções econômicas contra países latino-americanos, que seriam, em sua ótica, os grandes responsáveis pela crise envolvendo os psicoativos, quando, na verdade, os problemas relacionados aos narcóticos dizem respeito à grande demanda daquele próprio país e dos Estados da Europa ocidental, não das nações produtoras, que garantem a oferta (Hagen 2002).

No plano internacional, paulatinamente, o sistema de controle das substâncias psicoativas consideradas ilícitas passou a ser ampliado, atingindo seu ápice com a Convenção das Nações Unidas contra o Tráfico Ilícito de Entorpecentes e Substâncias Psicotrópicas de 1988, instrumento de caráter repressivo que tem o propósito de uniformizar a definição de tráfico de drogas, promover a incriminação da lavagem de dinheiro, reforçar a cooperação internacional dos Estados na questão dos psicoativos e unificar as normas em vigor. A militarização das ações contra as drogas fica evidente nas expressões utilizadas em seu texto, tais como "guerra às drogas", "combate aos traficantes", "repressão e eliminação", em um apelo "emocional e mesmo irracional" (Boiteux, et al. 2009, 19).

Na sequência, em 1989, George Bush implantou a *First National Drug Control Strategy* (US President 1989), expandindo a proscrição das drogas ilícitas e padronizando a estratégia de combate ao narcotráfico. Além disso, ampliou a militarização da guerra contra as drogas no âmbito internacional, promovendo um rápido incremento da cooperação bélica com os países produtores de cocaína. Para que se tenha noção do que isso representou, entre 1988 e 1991, o orçamento dedicado ao tema passou de US$5 milhões para US$150 milhões. Era a chamada *Estratégia Andina*, consistente no apoio técnico e militar no combate ao narcotráfico (Hagen 2002). O discurso segundo o qual as drogas configurariam uma ameaça à segurança nacional se fazia mais uma vez presente:

> A origem das drogas mais perigosas que ameaçam nossa nação é, principalmente, internacional. Poucas ameaças externas custam tanto à economia dos Estados Unidos da

> América. Nenhuma gera mais danos aos nossos valores e instituições nacionais ou destrói mais vidas norte-americanas. Enquanto a maioria das ameaças internacionais são potenciais, os danos e a violência causados pelo tráfico de drogas são reais e invasivos. As drogas são uma grande ameaça à nossa segurança nacional. (US President 1989, 61)

Em decorrência do recrudescimento da criminalização das drogas, entre os anos de 1980 e 2000, o número de acusados por crimes relacionados aos psicotrópicos, condenados à prisão nos Estados Unidos da América, aumentou quinze vezes (Levitt e Dubner 2005). E não houve mudança significativa no tratamento dado à proscrição das drogas nos Estados Unidos da América e na política imposta aos demais Estados durante os governos Clinton[13], Bush, Obama, Trump e Biden, prosseguindo na guerra às drogas em caráter mundial.

Embora Bill Clinton tenha, durante a campanha presidencial de 1992, defendido uma abordagem terapêutica em contraposição ao tratamento penal dirigido às pessoas que utilizam drogas, nos primeiros meses de seu governo adotou exatamente as mesmas estratégias de criminalização dos seus predecessores republicanos, continuando a progressiva escalada da guerra às drogas.

---

[13] Bill Clinton criticou a guerra contra as drogas em recente documentário, intitulado *Breaking the Taboo* (Andrade, et al. 2011).

No governo de George W. Bush se experimentou uma rápida ascensão da militarização do combate as drogas, em suporte à criminalização. Sobre o que isso representou, ao final de seu mandato, contabilizava-se cerca de 40.000 intervenções no estilo paramilitar da SWAT contra cidadãos norte-americanos por ano, principalmente por infrações não violentas às leis de drogas.

Embora Obama tenha investido no programa de fornecimento de seringas descartáveis às pessoas que faziam uso de drogas injetáveis e diminuído a discrepância entre as punições por porte de crack em referência à mesma conduta quanto à cocaína, ambas medidas refutadas na administração de Bill Clinton, suas ações no sentido de amenizar a criminalização das drogas não passaram disso.

Donald Trump, enquanto Presidente dos Estados Unidos da América, utilizou como um dos argumentos para se construir um muro separando seu país do México a necessidade de impedir a entrada de droga ilícita, enquanto o Procurador-Geral Jeff Sessions defendeu não terem os estados soberania para legalizar a maconha, ressaltando que "pessoas boas" não utilizam tal droga (The Drug Policy Alliance 2017). Ainda presidente, Trump defendeu a pena de morte para algumas modalidades do narcotráfico (McDonald 2018). A legalização da maconha em alguns estados norte-americanos não teve qualquer repercussão direta na política internacional desenvolvida para a questão das drogas.

Durante o governo de Joe Biden, a política de combate às drogas nos Estados Unidos da América passou por mudanças significativas em relação às abordagens anteriores, focando mais na saúde pública e na redução de danos do que na repressão criminal tradicional.

A administração Biden priorizou tratar o uso de drogas como uma questão de saúde pública. Em vez de se concentrar apenas na criminalização, a política atual busca reduzir os danos causados pelo uso de drogas. Isso inclui aumentar o acesso a serviços de tratamento, fornecer medicamentos para o tratamento de distúrbios de uso de opioides (como metadona e buprenorfina) e apoiar programas de redução de danos, como distribuição de seringas limpas e programas de troca de seringas.

Além disso, alocou recursos significativos para a prevenção do uso de drogas e para o tratamento de distúrbios de uso de substâncias. A administração tem investido em campanhas de conscientização sobre o uso de opioides e outros entorpecentes, e tem promovido o treinamento de médicos para prescrever tratamentos eficazes e seguros.

No entanto, embora a política tenha um foco na saúde pública, o governo Biden manteve esforços rigorosos para combater o tráfico de drogas, especialmente a entrada de opioides sintéticos, como o fentanil. Isso inclui cooperação internacional para interromper as cadeias de fornecimento e intensificação de medidas de fiscalização nas fronteiras.

O que efetivamente mudou no cenário internacional, nas últimas três décadas, foi o fato de, intencionalmente ou não, a guerra contra as drogas ter preenchido o vácuo deixado pela Guerra Fria, apropriando-se de todos os medos e preconceitos que lhe eram inerentes. Apropriou-se também de toda estrutura de poder e influência internacional montada pelos Estados Unidos da América em sua luta contra o comunismo. Esse espectro de influência tem ditado o comportamento legislativo dos demais Estados independentes, de suas políticas públicas para a questão das drogas, da utilização de sua força militar e até mesmo o pronunciamento de seus tribunais.

Conforme o discurso oficial da *First National Drug Control Strategy* (US President 1989), por exemplo, uma estratégia abrangente de controle de drogas precisa incluir programas de intervenção e ataques efetivos à produção e ao tráfico internacional. Esses programas, direcionados às fontes estrangeiras de drogas ilegais, deveriam dar suporte aos conceitos de dissuasão e incapacitação, aumentando os esforços da justiça criminal dos países envolvidos, dirigindo o ataque às organizações multinacionais de tráfico além das fronteiras norte-americanas. Tal estratégia, na ótica do governo, permitiria interromper o caminho do cultivo e comércio de drogas até os Estados Unidos da América, em vez de confrontá-las em suas ruas. A guerra às drogas, mais nociva que o consumo em si, seria travada em outros territórios. O discurso subjacente é o da exportação dos problemas da criminalização das drogas.

Não somente os problemas, mas os custos também seriam exportados, uma vez que, conforme estabelecido na estratégia oficial, os "esforços internacionais efetivos nos permitem alocar os recursos de outras nações nesta batalha. Nosso país não pode assumir sozinho a responsabilidade ou o custo de combater as drogas" (US President 1989, 61).

Nesse sentido, a prioridade da justiça criminal e o modelo de criminalização e persecução penal dos Estados Unidos da América têm sido exportados para o exterior (Linhares 2015). Os governos estrangeiros atendem às pressões, estímulos e exemplos norte-americanos, adotando novas leis criminais sobre o tráfico de drogas, lavagem de dinheiro, comércio privilegiado e crime organizado, inclusive modificando as normas de sigilo financeiro e empresarial, assim como os códigos de processo penal, a fim de melhor atender às políticas que lhes foram impostas (Nadelmann 1993).

Enquanto avançavam os esforços internacionais da política norte-americana no combate às drogas, inclusive com o envolvimento das agências responsáveis por proteger a segurança nacional, sob o argumento de que "a guerra contra a droga não pode ser combatida – muito menos vencida – sem uma boa inteligência" (US President 1989, 87), as polícias locais passaram a adotar técnicas norte-americanas de investigação, ao passo que os tribunais e legislaturas acompanharam a tendência com as necessárias permissões jurídicas. Os governos dirigiram substanciais recursos policiais e até mesmo militares para coibir a produção e tráfico ilícito de drogas. Em linhas gerais, os Estados Unidos da América forneceram os modelos, e os outros Estados se ajustaram (Nadelmann 1993). É nesse sentido que a

> [...] *War on Drugs* é também estratégia geopolítica de ocupação, dominação e controle das periferias pelos Estados Unidos. Assume ares militarizados, porque se torna pretexto para envio de tropas, doutrinação e cooptação das elites militares das periferias, de modo a alinhá-las aos interesses estadunidenses e de barrar qualquer discurso nacionalista, de resistência ao imperialismo. A história mostra o sucesso dessa estratégia de influenciar por meio da doutrinação aparentemente inofensiva de membros de setores estratégicos locais. (Santos Júnior 2016, 226-227)

A influência do que a Comissão Global de Políticas sobre Drogas (2011, 8) chamou de "imperialismo do controle de drogas" chega a intervir em questões tipicamente locais, ditando padrões de comportamento que se contrapõem, muitas vezes, à cultura, história e autodeterminação dos povos, ao ponto de criminalizar até mesmo tradições remotas. Como exemplo atual dessa situação, pode-se citar o intento da Bolívia de suprimir a proibição da prática de mascar folhas de coca imposta pela Convenção de 1961, que veda qualquer uso não medicinal desse vegetal. Não obstante reiterados estudos terem evidenciado que tal costume indígena não incrementa os danos produzidos pelo narcotráfico, bem como ser a nítida maioria da população local e de países vizinhos a favor da mudança, a maior parte das nações, lideradas pelos Estados Unidos da América, representativas dos grandes mercados ilegais de cocaína, posicionaram-se formalmente contra a emenda proposta.

Ainda no sentido do recrudescimento da legislação de drogas e sua consequente militarização, pode-se citar o advento, no Brasil, do Decreto 5144 (Brasil 2004), que regulamenta a chamada "Lei do Abate" (Brasil 1998) segundo a qual a autoridade aeronáutica poderá empregar os meios que julgar necessários para compelir aeronave a efetuar o pouso e, em caso de recusa, esgotados os meios coercitivos legalmente previstos, será classificada como hostil, ficando sujeito à medida de destruição. Embora referida lei não trate especificamente das questões relacionadas ao narcotráfico, o móvel do Decreto que a regulamenta foi exatamente esse.

Com efeito, o Decreto 5.144 (Brasil 2004) estabelece os procedimentos a serem seguidos com relação a aeronaves hostis ou suspeitas de tráfico de drogas, levando em conta que estas podem apresentar ameaça à segurança pública. As aeronaves suspeitas de tráfico de substâncias psicoativas ilegais que não atendam aos procedimentos coercitivos previstos serão classificadas como hostis, sujeitas à medida de destruição. A natureza do abate, bem como a autoridade competente para tanto, revela o caráter bélico que dá contornos ao atual combate às substâncias psicotrópicas, a demonstrar, mais uma vez, os atos de guerra promovidos em torno da questão das drogas.

Exemplo ainda mais contundente do tratamento belicista dado às substâncias psicotrópicas na terceira fase de sua criminalização é a cominação de pena de morte em razão de condutas relacionadas ao narcotráfico em países como a China, Vietnã, Singapura, Irã, Indonésia, Malásia e Arábia Saudita (Karam 2009), resultado do aprofundamento da guerra contra as drogas e do direito penal que lhe sustenta. Recentemente, em junho de 2018, diante de trezentas crianças, o judiciário chinês executou pena de morte imposta a dois condenados por tráfico, como forma de desestimular os estudantes a tal prática (Cox 2018).

Assim, o que se pode consignar de mais emblemático para esse período, que teve início com Ronald Reagan e prossegue até os dias atuais, é a nova face da criminalização das drogas. O argumento moral continua a lhe dar apoio popular (tal qual na primeira fase) e os objetivos declarados permanecem aqueles relacionados com a erradicação dos psicotrópicos (como ocorreu na segunda fase), mas a guerra às drogas deixou de ser um mero princípio ou o meio pelo qual a sociedade se livraria definitivamente das substâncias consideradas ilícitas, tornando-se seu próprio fundamento.

Desde o início da década de 1980, por exemplo, os Estados Unidos da América utilizam a criminalização das drogas como eixo central de sua política para todo o continente americano. Passaram a difundir termos como "narcoguerrilha" e "narcoterrorismo", em uma nítida simbiose dos seus "inimigos externos" (V. M. Batista 2003a, 12). Em dezembro de 1989, a invasão ao Panamá para derrubada do governo de Manuel Noriega, mais uma vez exemplificando, teve como principal argumento o envolvimento desse com o tráfico de drogas (Bewley-Taylor e Jelsma 2011).

A segurança nacional norte-americana passou a ter como eixo central a questão das drogas, o que foi replicado nos países 'solidários' a Washington, "ao mesmo tempo em que o capital financeiro e a nova divisão internacional do trabalho os obrigam a serem os produtores da valiosa mercadoria. Os países andinos se transformaram em mercados brutalizados para o varejo residual das drogas ilícitas" (V. M. Batista 2003a, 12).

No entanto, ante a impossibilidade de vencer o narcotráfico, a criminalização das drogas passou a ser um fim em si mesma. É que, em nome dos direitos humanos, da democracia, da intervenção humanitária, do combate ao comunismo, terrorismo ou às drogas, dentre outras questões sensíveis, os Estados Unidos da América sucessivamente recorreram à guerra como forma de exercer e, ao mesmo tempo, consolidar seu poder hegemônico[14].

No início da década de 1980, a Guerra Fria já não mais demandava maiores investimentos e, com a queda do muro de Berlim no final da mesma década, encerrava-se aquele período histórico. Assim, os esforços militares dos Estados Unidos da América necessitavam de um novo argumento. O resultado foi progressiva criminalização e a militarização da guerra contra as drogas. Desde aquele momento até, pelo menos, os atentados de 11 de setembro de 2001, a penalização das drogas tem se mostrado especialmente útil para justificar as operações, bases e intervenções militares no exterior, "cobrindo o vazio ideológico entre a Guerra Fria e a guerra ao terror" (Bewley-Taylor e Jelsma 2011, 7797).

E assim, a proscrição das drogas prossegue nos dias atuais, numa progressiva e sistemática criminalização. Com forte discurso ético, declarando ter como objetivo a mitigação do narcotráfico e do consumo de drogas até sua erradicação, mas não passando de um fim em si mesma. Nem mesmo o novo móvel de

---

[14] O tema é tratado com profundidade em Jelsma, et al. (2011).

militarização norte-americano, a "guerra ao terror", recente argumento ao exercício da hegemonia política, bélica e econômica, foi capaz de refrear o combate às substâncias psicoativas tornadas ilícitas.

É que os muitos anos de proibição, a propaganda em torno do combate ao narcotráfico, o conteúdo ético sistematicamente inserido e reforçado na questão do uso, a equivocada associação de determinadas drogas com o fenômeno da violência urbana, impedem uma postura racional dos governos e da sociedade, que acabam preferindo insistir em uma guerra perdida, mas que ainda representa um ideário moral e de dominação.

3.2. A REDUÇÃO DE DANOS

A terceira fase da criminalização das drogas, ante seu fracasso de proteger o bem jurídico, consistente na tutela da saúde pública, trouxe uma aproximação ironicamente contraditória em relação ao tratamento penal dado às duas faces do mercado ilícito de psicotrópicos. Se, por um lado, promove a progressiva repressão aos atores que mantêm a oferta de narcóticos, por outro, estabelece uma crescente despenalização daqueles responsáveis pela origem da demanda. Aos traficantes, a lei criminal – não o direito penal clássico, mas aquele próprio dos inimigos. Aos usuários, uma tendencial abordagem terapêutica, consubstanciada nas políticas de redução de danos.

A estratégia de redução de danos apresenta-se como a primeira política pública a se distanciar do modelo proibicionista-criminalizador conduzido pelos Estados Unidos da América, embora não negue e não se contraponha à militarização do combate às drogas e sua progressiva criminalização das atividades de produção, distribuição e comercialização de substâncias psicoativas.

No entanto, importante registrar, a busca por meios diferentes da criminalização das drogas não é tarefa fácil. E o problema não reside na prova da eficácia de outros métodos, que não o tratamento penal das substâncias psicoativas, mas no viés ético-moral que costuma contaminar as discussões e tomadas de decisão inerentes ao tema. Quando se trata da lei de drogas, "qualquer ação embasada numa posição moral, como as pesadas penas de prisão para o uso ou venda de uma substância ilícita, é tida por eficaz, enquanto qualquer possibilidade racional é rejeitada" (Rowe 2006, 164).

Intervenções contra a dependência e uso de substâncias psicotrópicas quase sempre foram temas de discussão muito além da arena da saúde pública. As questões éticas que permeiam a matéria influenciam os objetivos e os alvos das políticas públicas, que deveriam ser preventivas e terapêuticas. Na verdade, o desenvolvimento histórico da política de drogas muitas vezes é representado como um debate em curso entre uma posição moral, no qual o uso da substância ilícita é retratado como criminoso e desviante, e a abordagem terapêutica, pertinente à saúde pública, aquela em que "os usuários de drogas são vistos como pessoas que necessitam de tratamento e ajuda" (Davoli, Simon e Griffiths 2010, 437).

E desse viés moral, a dar tônica à criminalização das drogas, resulta uma equivocada estratégia de concentrar esforços na coação, típica do direito penal que busca legitimidade em si próprio, e repressão, consistente na guerra às drogas, em detrimento de ações dirigidas ao verdadeiro enfrentamento das questões relacionadas à saúde pública, afetadas que são pelo abuso de substâncias ilícitas.

Em razão disso, poucas são as experiências cuja linha de frente adotada pelos Estados, por meio de suas políticas públicas, caminhe no sentido alternativo ao da proscrição e criminalização das drogas. A estratégia prioritária de penalização e combate resulta em que, no mais das vezes, a polícia e as forças armadas se tornem as instituições a quem se atribuem a formulação das políticas de drogas[15].

---

[15] No Brasil, por exemplo, a rotulação das drogas consideradas ilícitas é realizada pela Agência Nacional de Vigilância Sanitária (ANVISA), autarquia vinculada ao Ministério da Saúde – o que faz sentido, posto que o bem juridicamente tutelado é a saúde pública. No entanto, segundo Milena Soares e Cristina Zackseski (2016, 150-151), muitas vezes

O mesmo se repete na comunidade internacional, onde as instâncias de decisão das Nações Unidas também são conduzidas por esses interesses. Ainda que os governos reconheçam que as estratégias atuais devam ser articuladas com programas sociais e de saúde pública, os órgãos responsáveis pela elaboração e execução dessas políticas, os orçamentos e as práticas de implementação não se adequaram à atual realidade, o que dificulta a criação de estratégias fundamentadas em informação científica confiável (Comissão Global de Políticas sobre Drogas 2011).

Entretanto, não obstante a escassez de políticas cujo foco se dê no enfrentamento do problema da saúde pública decorrente do consumo de drogas, as poucas existentes são dignas de menção, tais como o fornecimento de seringas, tratamentos médicos à base de metadona, buprenorfina (WHO, UNODC e UNAIDS 2012), substâncias menos prejudiciais que a heroína, e até mesmo prescrição de heroína, hábeis a mitigar o risco de morte por overdose e contaminação de HIV e demais infecções sanguíneas (EMCDDA 2010).

São as chamadas "políticas de redução de danos", em que o foco não é o combate às drogas, senão aos seus efeitos. Nelas,

---

a inclusão de substâncias em quadros e graus de ilicitude se dá por iniciativa da Polícia Federal, cujo argumento explícito não se vincula ao problema de saúde pública, senão ao "combate ao narcotráfico", o que se explica a partir do "contexto e ideologia de guerra às drogas, que leva à necessidade de minar as fontes de rendas das organizações criminosas".

busca-se a "minimização das consequências adversas do consumo de drogas, do ponto de vista da saúde e de seus aspectos sociais e econômicos sem, necessariamente, reduzir esse consumo" (Reghelin 2002, 74). Alguns Estados foram além e descriminalizaram a posse de drogas para consumo próprio. A Europa tem sido pioneira em medidas dessa natureza, consistentes na redução dos danos causados pelos psicotrópicos (Nadelmann, McNeely e Drucker 1997).

O fundamento da atual política de drogas europeia se baseia nas convenções internacionais de controle, pelo que não se pode contrariá-las, mesmo ante a liberdade dada aos Estados para interpretar suas obrigações quanto a matéria. A redução de danos, como principal objetivo naquele continente, é vista pelos políticos responsáveis, portanto, como uma abordagem equilibrada, que incluem também medidas duras de redução da oferta. Não significa, porém, que se ignore o argumento de que os danos podem resultar do próprio sistema de proibição das drogas (Davoli, Simon e Griffiths 2010).

O reconhecimento deste fato pode ser observado, por exemplo, em uma mudança de ênfase na distinção, que agora é comumente utilizada, entre traficantes e usuários. Isto se reflete em políticas que tentam desviar usuários problemáticos do sistema judicial penal para o tratamento, ou que introduzem sanções mais brandas para aquelas pessoas que fazem uso de drogas (Davoli, Simon e Griffiths 2010).

Essa evolução, no entanto, deve-se mais ao argumento de redução dos custos financeiros destinados ao combate às substâncias psicoativas e de como os benefícios podem ser maximizados. A redução de danos passou a ser claramente parte dessa agenda, mas geralmente se apresenta de forma secundária, de modo a não confrontar ou não se contrapor a estratégia de criminalização (Davoli, Simon e Griffiths 2010).

As políticas de redução de danos, assim, dão abertura a uma perspectiva de saúde pública em que o imperativo é reduzir os males imediatos decorrentes do consumo abusivo de substâncias psicoativas, o que não significa afirmar terem os Estados que as adotam renunciado à coação e repressão no combate à oferta de drogas.

No entanto, a despeito de todas as evidências demonstrarem a eficiência da política de redução de danos, muitos governos ainda se recusam a adotar tais medidas com o receio de, ao melhorar a saúde dos usuários de drogas, serem percebidos como coniventes ou lenientes para com o uso de psicotrópicos. Preferem insistir em um modelo "ilógico – sacrificar a saúde e o bem-estar de um grupo de cidadãos quando se dispõem de medidas eficientes de proteção da saúde é inaceitável, e aumenta os riscos enfrentados pela comunidade como um todo" (Comissão Global de Políticas sobre Drogas 2011, 5).

Embora as políticas de redução de danos não representem, atualmente, oposição à proscrição e criminalização das drogas, apresentam-se como medidas alternativas conducentes ao mesmo objetivo declarado – mitigação dos danos à saúde pública decorrentes do consumo abusivo de substâncias psicoativas. Políticas dessa natureza, por exemplo, são adotadas na Suíça, Grã-Bretanha, Alemanha, Holanda e Portugal, dentre outros países. Respectivamente em 2013 e 2018, Uruguai e Canadá foram além das práticas usuais de redução de danos e legalizaram o consumo da maconha.

3.2.1. Precisão suíça

Tome-se, inicialmente, o exemplo da Suíça que, no final da década de 1980, passou por um período de preocupante crescimento nas taxas de consumo de drogas injetáveis (Gouverneur 2018). Ao mesmo tempo, também crescia o número de infectados pelo vírus HIV. Buscando mitigar o problema de incolumidade pública que se instalava, adotou-se como medida o engajamento do setor da saúde pública para lidar com a questão, em vez da criminalização do usuário.

Até o advento da *aids*, a Suíça matinha, em relação às drogas, uma política conservadora, fundada na criminalização e forte repressão policial sobre usuários e traficantes (Killias e Aebi 2000), na mais perfeita acepção da guerra às drogas. Com o avanço do HIV e sua inerente contaminação a partir do compartilhamento de seringas por pessoas usuárias de drogas injetáveis, a postura coercitiva deu lugar às ações focadas na saúde do adicto.

Embora não tenha descriminalizado o uso e a comercialização de drogas, o governo suíço criou salas de injeção segura onde, além de ter assistência social, a pessoa pode fazer uso de drogas injetáveis sem recorrer a traficantes ou se submeter ao risco de consumir substância impura (Gouverneur 2018).

No mesmo local o poder público distribui seringas descartáveis e, desde 1992, o usuário que tenha desenvolvido dependência (atendidas algumas poucas condições) pode ser submetido ao tratamento de prescrição de heroína[16], reduzindo assim os riscos inerentes ao consumo.

As ações focadas na redução dos danos causados pelo consumo de drogas injetáveis, no caso da Suíça, seguem o

---

[16] Sobre como a Suíça foi capaz de desempenhar um papel pioneiro no campo do tratamento da dependência, ao criar uma política de drogas que inclui a prescrição médica de heroína, bem como o papel dos processos de intermediação de conhecimento e da construção de coalizões nas diferentes fases do desenvolvimento de sua política de drogas, conferir Riaz Khan, et al. (2014).

princípio do *low-threshold*, consistente na estratégia de que as pessoas a quem se destinam essas ações não encontram altas exigências para obter os serviços de tratamento. Não se exigiu, por exemplo, que o indivíduo deixasse de consumir determinado psicotrópico para ingressar no programa, embora a abstinência continue sendo um objetivo a ser alcançado.

Da medida de substituição e prescrição de heroína[17] resultou considerável impacto na procura clandestina por esse opióide, uma vez que a ação focou nas pessoas que desenvolveram dependência (que representam de 10% a 15% do total) e, embora em menor número em relação aos demais usuários, são responsáveis pela maior parte da demanda (30% a 60%). De igual sorte, a procura por outras drogas também experimentou redução em decorrência do programa (Killias e Aebi 2000).

Com efeito, observando-se o comportamento da pessoa integrada ao programa, a partir dos dados coletados pela polícia suíça, durante os seis primeiros meses de tratamento, o consumo de heroína diminui, em média, 68%, em comparação com os seis meses anteriores à intervenção. Quando a comparação é

---

[17] A prescrição de heroína costuma a funcionar melhor que a substituição por metadona, uma vez que esta, embora menos insegura, não satisfaz a dependência psicológica de muitos usuários, porque não tem efeito ansiolítico (Gouverneur 2018).

estendida aos períodos de vinte e quatro meses antes e após a admissão no programa, a redução é de 71% (Killias e Aebi 2000).

O mesmo decréscimo pode ser observado até em relação ao consumo de cocaína (droga que não faz parte da política de substituição ou prescrição). Dentre os dependentes de heroína, integrantes do programa, apenas 15% declararam não ter feito uso de cocaína nos seis meses anteriores ao tratamento. Seis meses após, o número de assistidos que não fizeram uso de cocaína no período já importava em 28%; progredindo para 35% após doze meses e, finalmente, 41% após dezoito meses. Cerca de 43% dos dependentes em heroína admitidos no programa de substituição de drogas tinham, nos seis meses anteriores ao tratamento, atuado como traficante da mesma substância para sustento do próprio vício. Durante os seis primeiros meses de tratamento, esse número havia decrescido para 10%; e 6% após doze meses de ingresso no projeto (Killias e Aebi 2000).

O programa de prescrição de heroína foi responsável por afastar seus pacientes da prática de crimes relacionados ao tráfico de drogas e afetar o próprio mercado ilegal de referido opióide. Seu alvo são as pessoas que desenvolveram uso problemático da droga, os habituais no consumo daquele psicotrópico. Tais pessoas estavam fortemente envolvidas no tráfico de drogas e outras formas de criminalidade e serviam como uma ponte entre importadores (alguns suíços) e usuários (principalmente suíços).

Uma vez que lhes foi disponibilizado uma forma lícita para satisfazer e tratar sua dependência, reduziram o uso de drogas ilegais (Killias e Aebi 2000).

Isso mitigou sua necessidade de negociar heroína e participar de outras atividades criminosas. Assim, o programa obteve três efeitos sobre o mercado de drogas: reduziu substancialmente o consumo entre os usuários problemáticos, afetando a viabilidade do mercado; reduziu os níveis de outras atividades criminosas associadas ao mercado ilícito; uma vez removidos os dependentes e traficantes locais, os usuários casuais suíços encontraram dificuldades de fazer contato com os vendedores (Killias e Aebi 2000).

Não obstante os avanços nas políticas públicas de drogas na Suíça, em 2004 o parlamento daquele país rejeitou a descriminalização da maconha e, em 2008, seus eleitores, consultados em plebiscito, embora aprovando as medidas de redução de danos, pronunciaram-se contra a legalização dos canabinoides.

3.2.2. God save the junkies

O Reino Unido, por sua vez, no ano de 1999, implementou política pública de prevenção ao uso de substâncias psicotrópicas, consistente em um programa que oferece às pessoas que desenvolveram uso problemático de drogas, que tenham cometidos delitos, tratamento à dependência em substituição da pena, o que fez reduzir o índice de reincidência. Com essa medida, considerando o grupo de pessoas usuárias de drogas adeptas do programa, o número de processos criminais apresentou decréscimo de 48%, tomando por base os anos prévios e posteriores ao tratamento (Millar, et al. 2008).

O tratamento terapêutico tem o condão de reduzir a população carcerária, ao desviar do sistema prisional o indivíduo que, de apenado, converte-se em paciente dos serviços de saúde. Embora existam crimes cuja pena não possa ser comutada em tratamento, fazendo-se necessário seu cumprimento em penitenciária, parte da sanção pode ser cumprida em liberdade, condicionada ao ingresso no programa.

Pode-se dizer que medidas dessa natureza se apresentam como alternativa viável, coincidindo com o que Claus Roxin (2001, 466-467) definiu por "diversificação" – importante consignar:

> Nas hipóteses em que a descriminalização não é possível – como no furto –, poder-se-ão evitar as desvantagens da criminalização através de alternativas à condenação formal por um juiz. Tais métodos de diversificação são utilizados em quantidade considerável na Alemanha, pois o tribunal e também o ministério público podem arquivar o processo quando se tratar de delitos de bagatela em cuja persecução não subsista interesse público; tal arquivamento pode ocorrer inclusive no âmbito da

> criminalidade média, se o acusado prestar serviços úteis à comunidade (como pagamentos à Cruz Vermelha ou a reparação do dano).
>
> Estes métodos de diversificação são utilizados hoje na Alemanha em quase metade de todos os casos, tendo reduzido consideravelmente a quantidade de punições. [...] esta espécie de reação a delitos deve ser um elemento essencial do direito penal do futuro.

Assim, na Grã-Bretanha, a medida alternativa de comutar pena em tratamento de saúde, visando mitigar os efeitos do uso problemático de drogas, resultou na redução do índice de crimes relacionados ao consumo de substâncias psicoativas, da população carcerária e dos gastos estatais com a persecução penal. Mostrou-se, portanto, eficaz à tutela da incolumidade pública.

3.2.3. Laranja mecânica

Já o exemplo holandês se constitui em uma abordagem diferente. Embora a Holanda seja lembrada, pelo senso comum, como paradigma da descriminalização das drogas, na vanguarda das políticas públicas acerca da matéria, a realidade é outra. A *cannabis* é a única substância psicoativa, proscrita pela comunidade internacional, cuja venda é consentida (mas não legalizada) naquele país – isso mesmo, em locais específicos (*coffee shops*) e em pequena quantidade[18], em razão "de uma política pragmática de tolerância" (Boiteux 2017, 192).

A comercialização irregular desse psicoativo continua a ser considerada conduta criminosa. Por isso, não se pode sequer dizer que a maconha é legalizada na Holanda[19]. Na verdade, a política antidrogas holandesa é similar àquela adotada na Suíça e, em muitos aspectos, é menos liberal que a portuguesa. Não obstante, das medidas alternativas adotadas pelos Países Baixos resultam mensuráveis avanços para saúde pública.

Na Holanda, a política de redução de danos adota como medidas o fornecimento de seringas, prescrição de metadona e heroína como tratamento da dependência, manutenção de salas de consumo de drogas e acompanhamento médico. A prescrição da heroína, como medida terapêutica, reduziu os pequenos delitos e perturbações da ordem pública, e teve efeitos positivos na saúde das pessoas que lutam contra a dependência (Comissão Global de Políticas sobre Drogas 2011).

Não existe um programa que atenda especificamente ao usuário de cocaína – como a prescrição médica da substância, por exemplo. Assim, para esse tipo de psicotrópico, a Holanda

---

[18] O *coffee shop* não pode vender mais que cinco gramas de maconha, por vez, para a mesma pessoa; não pode comercializar outras drogas; e não pode vender a menores de dezoito anos.

[19] A própria posse da maconha, ainda que para consumo, se não se der nos locais destinados ao uso, implica em contravenção penal, punível com multa.

apresenta um consumo médio ligeiramente acima da média do continente europeu: pouco mais de 5% dos holandeses adultos já fizeram uso de cocaína, sendo que quase 2% a utilizaram recentemente (Netherlands National Drug Monitor 2011). A título ilustrativo, nos Estados Unidos da América, cerca de 16% da população com mais de doze anos de idade já experimentou cocaína (Substance Abuse and Mental Health Services Administration 2023).

No que é pertinente ao uso de opióides, objeto principal das medidas de redução de danos adotadas pela Holanda, quando considerado o número de usuários problemáticos (que desenvolvem dependência, doenças, comportamento violento ou distúrbios), tem-se que, ao longo do tempo, mensurou-se significativo decréscimo (Netherlands National Drug Monitor 2011).

A mesma demonstração de eficiência da política holandesa de redução de danos se tem ao comparar sua situação atual, em relação ao número de usuários problemáticos de "drogas pesadas"[20], com outros países do continente europeu. De acordo com a *Netherlands National Drug Monitor* (2011), a Holanda apresentou, no ano de 2007, um índice de 1,6% de usuários

---

[20] A lei holandesa considera "drogas pesadas" aquelas que apresentam "riscos inaceitáveis" à sociedade, enumerando, dentre outras, heroína, cocaína, anfetaminas, LSD e *ecstasy*.

problemáticos de drogas entre a população adulta (15 a 64 anos de idade), situação pior apenas daquela registrada na Espanha (1,35%) e muito mais favorável que a maioria dos Estados europeus, tais como Reino Unido (10%), Itália (9,8%), Luxemburgo (7,7%) e Irlanda (7,2%), por exemplo.

Esses dados se mostram importantes não só por revelarem a posição privilegiada da Holanda quando se trata do número relativo de usuários problemáticos das substâncias psicotrópicas mais perigosas, fato decorrente de suas medidas focadas na saúde do indivíduo – o que há de mais significativo é o progressivo decréscimo, justamente, do número de usuários problemáticos.

É que o quantitativo de consumidores comuns de determinada droga, que não desenvolvem dependência, doenças, comportamento violento ou distúrbios, relacionados ao uso em si, não se apresenta tão importante quanto o número de usuários problemáticos, cuja adicção teria o condão de macular diretamente a incolumidade pública.

Assim, qualquer medida que venha a reduzir o uso problemático de substâncias psicoativas, mesmo que produza incremento no índice de consumidores não problemáticos, deve ser tida por eficaz no combate aos danos à saúde pública decorrentes das drogas.

Outro avanço, a partir do programa de intercâmbio de seringas, na qual o governo troca aquela já usada por uma nova, e da prescrição de metadona e heroína, traduz-se na significativa redução da infecção por HIV decorrente do uso inadequado de drogas. Verificou-se uma queda acentuada no percentual de usuários de drogas soropositivos em duas décadas (dados de 2007), em especial, quanto aos jovens (com menos de 30 anos de idade). A incidência de novos diagnósticos entre dependentes de drogas injetáveis caiu de 8,5% no ano de 1986 para 0% em 2000, com um ligeiro aumento em 2005, quando dois usuários de drogas injetáveis foram diagnosticados com *aids*. Desde então, até o ano de 2009, nenhuma nova infecção foi registrada. O declínio na transmissão desse tipo de vírus entre usuários de drogas pode ser parcialmente explicado pela diminuição no compartilhamento de injeção, agulha e seringa, embora o comportamento sexual de alto risco ainda persista (Netherlands National Drug Monitor 2011).

Em síntese, o programa de redução de danos adotado pela Holanda se mostrou eficiente em reduzir o número de usuários de opióides, os danos à saúde decorrentes do consumo de drogas, o número de mortes por overdose[21] e o número de infecções por HIV decorrentes do uso inadequado de psicoativos. Além disso, ao assegurar tratamento adequado às pessoas que desenvolveram dependência, possibilitou o enfrentamento do uso problemático a partir de uma postura fundada na dignidade da pessoa humana.

---

[21] A Holanda tem, atualmente, o menor número de óbitos por overdose da Europa.

3.2.4. O caminho de Frankfurt

Durante a década de 1980, diferente de países como Holanda e Suíça, a então Alemanha ocidental havia implementado um dos regimes mais repressivos às drogas da Europa (Stöver 2013). Reflexo disso, por ano, cerca de setenta mil pessoas eram presas por infrações penais relacionadas às substâncias psicoativas – a posse de drogas para uso próprio era apenada com até quatro anos de prisão, enquanto o tráfico tinha pena de até quinze anos. Cerca de 30% das mulheres encarceradas no sistema prisional alemão haviam cometido crime relacionado às drogas (Fischer 1995).

Não obstante o rígido controle promovido por uma sociedade conhecida pela eficiência, os objetivos de eliminação da oferta e consumo de drogas não haviam sido alcançados. A demanda por drogas era progressivamente incrementada, assim como o sofrimento físico e a miséria social das pessoas que delas faziam uso. Enquanto isso, o tráfico ilícito de substâncias psicotrópicas se expandia e angariava lucros extraordinários, promovendo o medo dos moradores das cidades e o progressivo incremento da criminalidade (European Cities on Drug Policy 1990).

Mesmo com o recrudescimento do combate às drogas em cidades como Berlim, Frankfurt e Hamburgo, o número de pessoas dependentes de substâncias ilícitas aumentava sistematicamente – no final da década, eram cem mil adictos em drogas consideradas pesadas, enquanto duas mil pessoas morriam por ano em decorrência do uso abusivo. Os grandes centros apresentavam áreas inteiras tomadas por pessoas usuárias de substâncias psicotrópicas. Nesses locais, havia um perceptível incremento nos delitos contra o patrimônio, violência e prostituição (em Frankfurt, 80% das mulheres usuárias de heroína se prostituíam). No centro de Frankfurt, na região do parque de Taunusanlage, próximo à estação ferroviária principal, por exemplo, havia uma área de quase dois quilômetros quadrados onde circulavam cerca de cinco mil pessoas por dia comprando, vendendo e consumindo drogas (Fischer 1995).

Na medida em que ficaram evidentes os problemas com esses locais, onde se consumiam abertamente todo o tipo de drogas, tais como as mortes por overdose e alta incidência de infecções por HIV e hepatite, que atingiram o seu pico no final da década de 1980, tornou-se premente a necessidade de se desenvolver uma abordagem diferenciada e orientada ao acolhimento, que visasse tanto a proteção da população quanto a redução dos danos decorrentes do uso de substâncias ilícitas. Os métodos repressivos, então, foram direcionados para o tráfico ilícito de drogas, não mais contra pessoas dependentes e às comunidades em que viviam (Stöver 2013).

Logo no início da década de 1990, as políticas públicas dirigidas ao problema das drogas experimentaram uma significativa mudança na Alemanha, tendo a cidade de Frankfurt como pioneira na adoção de medidas alternativas à criminalização do usuário.

O que se convencionou chamar de "Caminho de Frankfurt", modelo seguido por diversas outras cidades alemãs, priorizou ações voltadas à humanização das pessoas que desenvolveram uso problemático de drogas, e até mesmo do usuário comum, com foco na redução dos danos, podendo-se destacar a criação de salas supervisionadas para o consumo de drogas, albergues para acolhimento, tratamento médico, assistência social e programas habitacionais dirigidos a esse grupo.

Para reduzir o risco de contaminação por HIV, o governo alemão passou a fornecer seringas descartáveis para as pessoas que faziam uso de drogas injetáveis. Esse programa de trocas de seringas, associado às medidas de substituição de heroína por metadona, implementadas posteriormente, resultou em decréscimo da presença de soropositivos no número de mortes relacionadas ao uso de substâncias psicoativas em Frankfurt – de 65% em 1985 para 12% em 1992. Em Hamburgo, por sua vez, onde cerca de 10 mil seringas eram distribuídas por dia, houve significativa mitigação das contaminações pelos vírus da *aids* e hepatite (Fischer 1995).

Como resultado da política de redução de danos implementada na Alemanha, o número de novos usuários de drogas consideradas pesadas em Hamburgo, como heroína e cocaína, reduziu 42% em apenas três anos. Entre 1992 e 1994, naquela cidade, os crimes em geral praticados por pessoas usuárias de psicoativos foi mitigado em 34%. Também significante é o que se observou, no mesmo período, quanto ao decréscimo de alguns crimes específicos, tais como roubos (24%), furtos (45%) e furtos de veículos automotores (62%). Em Frankfurt, já em 1993, o número de óbitos por overdose de pessoas que faziam uso de heroína foi reduzido em 60%, tomando-se por referência os índices anteriores à implementação das medidas alternativas à criminalização (Fischer 1995).

Ainda que não se tenha descriminalizado o uso de substâncias psicoativas, a implementação de políticas voltadas à contenção dos danos inerentes ao uso de drogas ilícitas, portanto, mostrou-se eficiente no enfrentamento dos problemas de saúde e segurança pública, cuja tutela pelos meios tradicionais, típicos da guerra às drogas, não se fazia eficaz.

3.2.5. Um fado

Já em Portugal, o consumo de drogas continua proscrito – a legalização não é possível em virtude dos tratados internacionais pelos quais, como tantos outros países, obrigou-se a combatê-las (Domosławski 2011)[22] – mas desde 1º de julho de 2001, em razão do advento da Lei 030 (Portugal 2000), a aquisição, posse e consumo de qualquer substância psicotrópica deixou de ser tratada por meio da *ultima ratio* da norma penal. Assim, "o controle sobre o uso de drogas foi transferido para um sistema do tipo administrativo, ao mesmo tempo em que foi mantido o duro tratamento penal dos traficantes de drogas ilícitas" (Boiteux 2017, 191).

No final da década de 1980, um em cada cem portugueses tinha desenvolvido adicção problemática em heroína, o que levou a taxa de infecção pelo vírus HIV ser a mais alta da União Europeia. A cidade do Olhão, na Costa do Algarve, Sul de Portugal, era uma das capitais das drogas na Europa. No entanto, a política oficial de descriminalização da posse e consumo das substâncias psicoativas possibilitou que o Governo oferecesse uma ampla gama de serviços (saúde, psiquiatria, emprego, moradia, dentre outros), cuja integração de recursos e conhecimento tornou eficaz a redução dos danos relacionados ao consumo de drogas (Ferreira 2017).

---

[22] A regra geral, na verdade, é que em razão dos tratados internacionais, em se tratando de política criminais em relação às drogas, "os países gozam de certo nível de autonomia, apesar de limitada pois somente pode ser exercida no sentido de maior rigor" (Soares e Zackseski 2016, 143).

Com efeito, por força da Lei 030 (Portugal 2000), o uso, a aquisição e a posse para consumo próprio[23] de substâncias ilícitas constituem contraordenação, infração de natureza administrativa sujeita à multa. O julgamento é realizado por um colegiado, formado por assistentes sociais, psicólogos e juristas, intitulado Comissão para a Dissuasão da Toxicodependência, vinculado ao Ministério da Saúde português. De qualquer forma, a própria multa não poderá ser aplicada se o infrator solicitar a assistência de serviços de saúde, públicos ou privados, garantindo-se o sigilo sobre o tratamento.

Segundo Fernando Henrique Cardoso (2011), no momento em que descriminalizou as substâncias psicoativas, Portugal quebrou um paradigma. Ao invés de insistir em medidas repressivas ineficazes, quando não claramente contraproducentes, optou por políticas mais cidadãs e eficientes, fundadas na dignidade da pessoa humana.

A lógica da despenalização adotada por Portugal coincide com aquela preconizada de forma geral por Claus Roxin (2001), segundo o qual esta é possível em dois sentidos: 1) eliminando-se dispositivos penais que não sejam necessários à manutenção da paz social, como comportamentos que atingem somente a moral,

---

[23] Assim considerada a quantidade que não exceda o necessário para o consumo médio individual durante o período de dez dias, segundo a lei, para a *cannabis*, vinte e cinco gramas; haxixe, cinco gramas; cocaína, dois gramas; heroína, um grama; LSD ou *ecstasy*, dez comprimidos.

a religião, o politicamente correto e o próprio agressor, sem causar danos à sociedade; e 2) quando, ainda que haja possibilidade de lesão à sociedade, se possa atingir o mesmo grau de tutela ao bem jurídico por meio de medidas outras que não a norma penal. O exemplo oferecido pelo autor, acerca da segunda circunstância, também coincide com o móvel do desígnio português:

> Um tal caminho foi encetado pelo direito alemão, por exemplo, ao se criarem infrações de contra-ordenação. Assim, distúrbios sociais com intensidade de bagatela – pequenas infrações de trânsito, barulho não permitido ou incômodos à comunidade – não são mais sujeitos à pena, e, sim, como infrações de contra-ordenação, somente a uma coima (*Geldbusse*). O direito penal do futuro tem aqui um extenso campo – especialmente as numerosas leis extravagantes – para a descriminalização. (Roxin 2001, 466)

Além disso, a partir da descriminalização quanto ao uso de droga, o poder público pôde implementar, de forma mais incisiva, programas de intercâmbio de seringas e agulhas, prescrição de metadona em substituição à heroína, tratamento psiquiátrico, psicológico e assistência social.

Se na Suíça a adesão aos programas de redução de danos se dá em razão do princípio do *low-threshold*, em Portugal ocorreu, de forma ainda mais eficiente, por meio da descriminalização. Uma vez que o consumo de droga não é crime, as pessoas toxicodependentes não se sentem intimidadas ou constrangidas em procurar ajuda estatal, mesmo quando desejam apenas a prescrição da metadona e não têm planos para se curar da dependência.

Assim, a adesão ao programa de redução de danos em Portugal tem sido mais representativa que na Alemanha, Holanda ou Suíça, de forma que, em 2010, "cerca de quarenta mil toxicodependentes submeteram-se a tratamento" (Domosławski 2011, 32) naquele país.

Como resultado, embora se tenha constatado ligeiro incremento no índice de adultos a fazer uso de substâncias ilícitas em Portugal, as medidas alternativas tiveram o condão de reduzir o número de delitos relacionados às drogas entre usuários problemáticos e adolescentes, o volume de recursos gastos na estrutura policial, nos estabelecimentos prisionais e nos processos judiciais, o número de óbitos relacionados com o uso de opióides e doenças infecciosas e a demanda por heroína (Hughes e Stevens 2010).

Pode-se citar, ainda, como resultado positivo da política de redução de danos implementada por Portugal, o decréscimo do número de pessoas infectadas por HIV em decorrência do uso inadequado de drogas injetáveis. No ano 2000, ocorreram 2.758 novos diagnósticos de pessoas infetadas com o vírus HIV, das quais 1.430 eram consumidores de drogas, 52% do total. Já em 2008, o número de novos diagnósticos foi de 1.774, dos quais 352 eram consumidores de drogas, o equivalente a 22% (Domosławski 2011). Essa tendência de queda mantém-se até os dias atuais.

Outro aspecto digno de menção diz respeito ao comportamento da demanda por drogas após a descriminalização do consumo. Esperava-se um acréscimo significativo no número de usuários, o que não ocorreu. O incremento foi incipiente para a maioria das drogas (Malinowska-Sempruch 2011) e basicamente circunscrito ao grupo dos adultos (Hughes e Stevens 2010).

Na verdade, a pequena variação no consumo de substâncias psicotrópicas em Portugal, após a descriminalização do uso, não se mostra diferente da realidade de outros países europeus que ainda consideram delito tal conduta, demonstrando que a inovação legal promovida naquele país, além de representar avanço nas áreas penitenciária e judicial, não foi responsável por qualquer incremento nos índices relacionados ao consumo de drogas.

O quadro também não é diferente quando se tem como parâmetro os demais Estados da União Europeia e seus índices de consumo de psicoativos. Da descriminalização quanto à posse de substâncias ilícitas para uso pessoal em Portugal não decorreu qualquer impacto negativo nos índices de consumo ilegal (Hughes e Stevens 2010).

3.2.6. A experiência do Uruguai

Já no Uruguai, há pouco mais de uma década, de forma bem-humorada e com evidente duplo sentido, José Alberto Mujica Cordano, o *Pepe Mujica*, seu então presidente, afirmou que "viver é experimentar" (BBC 2014) e legalizou a maconha em dezembro de 2013.

Declarando de interesse público as ações tendentes a proteger, promover e melhorar a saúde pública da população por meio de uma política orientada a minimizar os riscos e reduzir os danos do consumo de *cannabis*; que promovam a adequada informação, educação e prevenção sobre as consequências e efeitos prejudiciais associados com o consumo, assim como o tratamento, reabilitação e reinserção social dos usuários problemáticos de drogas (Uruguay 2013), o Estado passou a exercer o controle (antes entregue ao narcotráfico) e a regulação das atividades de importação, exportação, plantio, cultivo, colheita, produção, aquisição a qualquer título, armazenamento, comercialização e distribuição de *cannabis* e seus derivados, de forma direta ou por intermédio de instituições devidamente autorizadas.

O objetivo declarado é proteger os habitantes daquele país contra os riscos que implica o vínculo do usuário com o comércio ilegal, buscando, mediante a intervenção do Estado, atacar as devastadoras consequências sanitárias, sociais e econômicas do uso problemático de substâncias psicoativas, assim como reduzir a participação do narcotráfico e do crime organizado.

Para tanto, criou-se o *Instituto de Regulación y Control del Cannabis (IRCCA)*, cuja função é regular as atividades de plantio, cultivo, colheita, produção, elaboração, armazenamento, distribuição e venda de *cannabis*, além de promover e propor ações tendentes a reduzir os riscos e danos associados com o uso problemático da droga.

Dessa forma, passou a ser autorizado o plantio, o cultivo e a colheita domésticos de maconha, desde que para o consumo pessoal (vedado aos menores de 18 anos) ou compartilhado no domicílio, assim entendido como até seis plantas, não excedendo o produto da colheita a 480g anuais.

Com a devida autorização do Poder Executivo e sob o controle do *Instituto de Regulación y Control del Cannabis (IRCCA)*, também se permite a atividade de plantio, cultivo e colheita para clubes de usuários (entre 15 a 45 membros), cuja lavoura não pode exceder a noventa e nove plantas, limitando-se a obter como produto da colheita um máximo de armazenamento anual proporcional ao número de sócios e conforme a quantidade que se estabeleça em contrato ulterior para o uso não medicinal da maconha.

Medida importante prevista na lei (Uruguay 2013) diz respeito à outorga de licença às farmácias para venda de maconha para fins não medicinais, o que atende ao público não afeito ao plantio, cultivo e colheita, nem associado aos clubes credenciados. Em qualquer caso, restou proibida, por quaisquer meios, toda forma de publicidade, promoção, auspício ou patrocínio da maconha recreativa.

Os efeitos imediatos da legalização, claramente sentidos no Uruguai, correspondem ao fim do narcotráfico da maconha, humanização e desestigmatização do usuário, menos riscos e danos relacionados ao uso dessa específica droga.

Um dos objetivos principais da legalização foi enfraquecer o mercado clandestino controlado por organizações criminosas, reduzindo a violência associada ao tráfico de drogas. A legalização permitiu que os consumidores adquirissem *cannabis* de forma segura e legal, diminuindo o envolvimento com traficantes. No entanto, o impacto exato na segurança pública ainda está sendo avaliado, e há cautela sobre a possibilidade de que a *cannabis* legalizada possa ser desviada para o mercado ilegal, especialmente se a regulação e os preços não forem competitivos.

O que já se pode afirmar, com segurança, é que a liberação da maconha naquele país não se fez acompanhar em acréscimo substantivo no consumo dessa droga. Estudo da época, promovido pela *Junta Nacional de Drogas* (Uruguay 2015), órgão vinculado à Presidência do Uruguai, revelou que 9,3% da população adulta teria usado maconha nos últimos 12 meses (dados de 2014), em comparação a 8,3% em 2011, o menor aumento identificado em 14 anos. Ou seja, o mais sério argumento contra a legalização, o do incremento do uso, não se confirmou no caso uruguaio.

3.2.7. Separando o joio do trigo

As políticas de redução de danos, portanto, tiveram resultados importantes para segurança e, principalmente, para a saúde pública, bem jurídico sob tutela. No entanto, seu resultado mais palpável foi o de mitigar, ou mesmo afastar por completo, a possibilidade de encarceramento para a pessoa usuária de droga, em virtude da despenalização ou descriminalização do uso recreativo.

Poderiam avançar ainda mais se considerassem também o traficante como sujeito passível de tratamentos alternativos, que não o criminal. A mitigação dos riscos seria mais relevante se a comercialização de substâncias psicoativas, tanto quanto o uso, fosse tratada como um problema social, passível de enfrentamento fora do âmbito do direito penal. Considerando o usuário como paciente, reduzem-se os riscos ao indivíduo em razão do consumo de psicotrópicos. Tal postura estatal, se também dirigida ao traficante, seria apta a minimizar os danos sociais decorrentes da criminalidade relacionada com as drogas.

Aparentemente contraditórios, redução de danos e militarização do combate às drogas são, na verdade, dois vieses de um mesmo fenômeno. Despenalizar ou descriminalizar o uso de substâncias psicoativas, adotando uma abordagem social e terapêutica dirigida à pessoa do usuário, abrindo mão do aparato penal justamente onde se encontra o bem jurídico tutelado que fundamenta o discurso oficial (a saúde pública), revela o esvaziamento do próprio sentido do combate às drogas, expondo sua verdadeira razão de ser: a guerra pela guerra, a criminalização como um fim.

Removido o usuário do alcance penal, a militarização passa a ser possível, justamente porque aceitável, pois tem como alvo apenas os traficantes, o que agrada a opinião pública. À pessoa usuária de droga, a terapia social e médica; ao traficante, o tratamento penal. Cuida-se a demanda, pune-se a oferta, numa contradição difícil de se explicar a partir dos objetivos manifestos, mas possivelmente compatível com eventuais fins latentes[24].

---

[24] Sobre as funções simbólicas do direito penal das drogas, conferir Hamilton (2019).

4. O INIMIGO

A sociedade, por vezes, ameaçada pela violência e pelo delito, posta-se encurralada. Em sua percepção, não pode se dar ao luxo de ter um direito penal dirigido à proteção da liberdade, como a "Magna Carta do delinquente". Seu medo impõe a exigência de uma "Magna Carta do cidadão", enquanto arsenal de efetiva luta contra o delito e repressão da violência. Determinados delinquentes se convertem tendencialmente em inimigos e o direito penal em "direito penal do inimigo" (Hassemer 1997, 448).

Percebe-se, atualmente, uma dramatização da violência e da ameaça. A consequência é o recrudescimento da política criminal e do direito penal, convertendo-se este em um mero instrumento de coerção estatal. Assim, perdem a regência os princípios que orientam o direito penal. E este, com o tempo, fica descaracterizado (Hassemer 1997).

É o que acontece com o direito penal das drogas. Desde o início, a criminalização do uso e do comércio de substâncias psicoativas consideradas nocivas ao indivíduo e à sociedade foi o fundamento jurídico da guerra contra as drogas. Além de fundamento, a criminalização também se fez método, sendo a principal frente de combate aos psicotrópicos. Além de método, a penalização passou a ser resultado – resposta ao anseio moral que permeia o tema. Ou seja, a criminalização, a partir do argumento ético, é o cerne da guerra às drogas, pelo que esta seria esvaziada sem aquela.

E esse modelo criminal proibicionista, destinado ao enfrentamento dos males relacionados ao consumo de substâncias psicoativas, encontra alicerce no que Gunther Jakobs (2012) intitulou de "direito penal do inimigo", segundo o qual o Estado pode, em situações que exponham a coletividade a grave perigo, negar a determinada categoria de criminosos, os inimigos, as garantias inerentes ao que chama de "direito penal do cidadão", cabendo-lhes apenas a coação estatal.

Nessa linha de raciocínio, o direito regularia o vínculo entre pessoas titulares de direitos e obrigações recíprocas, enquanto o inimigo tem sua relação regida apenas pela coação. Embora a coação seja ínsita ao direito, apresenta-se mais árdua no campo do direito penal, inclusive naquele que se dirige ao cidadão. Ainda mais intensa quando se trata do direito penal imposto ao inimigo, pois nesse caso é o único instrumento a reger a relação entre o Estado e o infrator (Jakobs 2012).

Segundo essa ideia, o direito penal garantista somente se dirigiria ao cidadão, enquanto o direito penal do inimigo aplicar-se-ia aos traidores do ordenamento jurídico, capazes dos atos mais nocivos à sociedade: o inimigo. Com a prática dos crimes considerados mais abjetos pela coletividade, o inimigo provocaria a rescisão do contrato social, pelo que ficaria sem a proteção das cláusulas que lhe resguardam contra a ação totalitária do Estado.

Portanto, o direito penal reconheceria dois polos ou tendências em suas regulações. Por um lado, o tratamento deferido ao cidadão, esperando-se até que se exteriorize sua conduta para reagir, com o fim de confirmar a estrutura normativa da sociedade, e por outro, o tratamento com o inimigo, que é interceptado já no estado prévio, contra quem se combate por sua periculosidade e se 'abate' por prevenção. O direito penal do cidadão manteria a vigência da norma, enquanto o direito penal do inimigo (em sentido amplo: incluindo o direito das medidas de segurança) combateria os perigos (Jakobs 2012).

De acordo com esse raciocínio, contra o inimigo deve-se usar a violência, legítimo monopólio do Estado[25], a qual estaria submetido antes mesmo de praticar o ato que o fez ser considerado hostil. O combate à criminalidade, quando o criminoso é o inimigo, não se faria pelos meios convencionais do direito, senão

---

[25] Sobre ser a violência um legítimo monopólio do Estado, conferir Max Weber (2003). Em sentido contrário, conferir Slavoj Žižek (2014).

pela guerra – justificada pelo direito penal do inimigo: "frente ao inimigo, é só coação física, até chegar à guerra" (Jakobs 2012, 317).

Foi exatamente o que aconteceu com a questão das drogas, declaradas por Richard Nixon (Nutt 2012, 264) como o inimigo número um dos Estados Unidos da América, o que justificaria o uso de "uma nova ofensiva total", em nível global, com o apoio das Nações Unidas e seus Estados membros.

> O proibicionismo criminalizador voltado contra as drogas tornadas ilícitas, expressando-se na política "guerra às drogas", explicita, de forma eloquente, a partir dessa própria denominação, os parâmetros bélicos que orientam a atual e globalizada expansão do poder punitivo, exacerbando os danos, as dores e os enganos provocados pela intervenção do sistema penal sobre seus selecionados "inimigos". (Karam 2009, 7)

Rechaçou-se qualquer possibilidade de resolução do problema por meio de outros métodos. Nem mesmo o direito penal garantista foi reconhecido como hábil a mitigar o problema das drogas. A violência, monopólio do Estado, teria de ser invocada contra o inimigo. "Quem ganha a guerra determina o que é norma, e quem perde há de submeter-se a esta determinação" (Jakobs 2012, 395).

A eliminação do perigo justificaria os atos de guerra. A filosofia da criminalização das atividades relacionadas às drogas ilícitas se alinha perfeitamente com o pensamento de Gunther

Jakobs (2012, 376), segundo o qual "a punibilidade avança um grande trecho para o âmbito da preparação, e a pena se dirige à segurança frente a fatos futuros, não à sanção de fatos cometidos", enquanto que a noção de lesão se afirma pela mera sensação de constante ameaça que suscita o inimigo.

Assim foi instituída, em nível global, a criminalização das drogas, cunhada no direito penal do inimigo e construída, a partir de padrões ético-morais, pela força da política externa de um Estado hegemônico. E assim ela prossegue fomentando a guerra, sem qualquer perspectiva de se alcançar a paz ou, ao menos, uma saída honrosa. Prossegue, inclusive, sem apresentar os resultados um dia prometidos, não mais esperados e há muito esquecidos, não obstante ainda enunciados pelo direito penal das drogas.

5. O FRACASSO

O bem juridicamente tutelado pelo tratamento penal dado às atividades relacionadas às drogas consideradas ilícitas é a incolumidade coletiva, especificamente no que é pertinente à saúde pública. Como visto, a criminalização das substâncias psicoativas fundamenta a guerra às drogas que, por sua vez, consubstancia-se em uma campanha de proibição e intervenção militar internacional, fundada no direito penal do inimigo, empreendida pelo governo dos Estados Unidos da América, com o auxílio de diversos outros países, tendo como objetivo manifesto definir e reduzir o comércio ilegal de drogas (Cockburn e St. Clair 1998), a fim de mitigar progressivamente os males a ela relacionados, até a erradicação total.

No entanto, a criminalização das drogas tem custado muito caro – em todos os sentidos, sobretudo quanto aos efeitos sociais e econômicos. Por isso, no dizer de David Nutt (2012), impõe-se o dever de descobrir se tem alcançado seus objetivos declarados. Assim, para avaliar o sucesso dessa política penal seria preciso, segundo o autor, responder três perguntas: a criminalização reduziu a oferta de substâncias consideradas ilícitas? Reduziu a demanda por psicoativos? Mitigou os danos decorrentes das drogas?

Qualquer estudo científico que procure responder a essas questões terá como resultado inequívoco a resposta de que a criminalização das drogas fracassou. O que se pode constatar é "a falência do modelo repressor, pelo menos nos seus fins declarados de erradicar o cultivo e a produção das substâncias hoje ilícitas e de reduzir o consumo" (Boiteux 2017, 197).

Quando a Convenção Única de Entorpecentes de Nova Iorque foi aprovada na Organização das Nações Unidas em 1961 e, dez anos depois, no contexto histórico em que Richard Nixon declarou guerra às drogas, acreditava-se que a repressão rigorosa sobre as substâncias psicotrópicas e a implantação de políticas públicas contra os responsáveis por sua produção, distribuição e consumo, conduziriam a uma redução do mercado ilícito até o ponto da erradicação total, culminando em um mundo completamente livre de drogas (Comissão Global de Políticas sobre Drogas 2011). No entanto, o resultado obtido foi o extremo oposto: o crescimento exponencial do mercado internacional de substâncias ilícitas, largamente controlado pelo crime organizado (Commission of the European Communities 2009).

A própria taxa de homicídios avaliada durante um século (1900 a 2000) nos Estados Unidos da América guarda relação direta com o investimento no combate às substâncias consideradas ilícitas, indicando que, historicamente, do incremento no orçamento dirigido à guerra contra as drogas resulta, quase sempre, o aumento do índice de crimes dolosos contra a vida (Werb, et al. 2010).

Como consequência de décadas de proscrição severa nos Estados Unidos da América, enquanto o número de prisões por todos os crimes na década de 1980 havia sofrido incremento de 28%, os encarceramentos por delitos relacionados às drogas tiveram acréscimo de 126%, em relação à década anterior (Austin e McVey 1989).

No Brasil, em dezembro de 2023, 27,65% da população carcerária masculina era formada por homens condenados por tráfico de drogas (SISDEPEN 2023). Quanto às mulheres cumprindo pena pelo mesmo delito, o índice é ainda mais impressionante: em sua maioria mulheres negras (Borges 2018), 54,85% da população carcerária feminina, no mesmo mês e ano, estava presa em razão da prática de narcotráfico (SISDEPEN 2023). Esse quadro é agravado por diversos fatores ínsitos à realidade carcerária brasileira [26] que se torna ainda mais

---

[26] A esse respeito, conferir Nana Queiroz (2015).

degradante em relação à mulher submetida à execução de pena criminal, tais como "as péssimas condições físicas de encarceramento, o tratamento discriminatório das mulheres presas e as violações de direitos fundamentais, em especial da saúde e da maternidade" (Castilho 2007, 39).

Voltando à situação norte-americana, considerando a evolução dos encarceramentos decorrentes de delitos relacionados aos psicotrópicos entre os anos de 1972, início da estratégia de guerra contra as drogas, e 2002, somente nos Estados Unidos da América, o número de pessoas aprisionadas evoluiu de menos de cinquenta mil para quase quinhentos mil – o décuplo (Werb, et al. 2010).

A realidade internacional não difere daquela que se apresenta nos Estados Unidos da América, até porque é o modelo norte-americano que tem orientado o direito penal das drogas nos mais diversos Estados. Atualmente, no mundo, existem cerca de dois milhões de pessoas presas por delitos relacionados às drogas, o que representa um quarto da população carcerária, sem que a demanda e a oferta de substâncias ilícitas tenham sofrido qualquer decréscimo. A maioria dos encarcerados são pequenos traficantes que não estão diretamente vinculados a qualquer atividade violenta (Nutt 2012).

Além do incremento na população carcerária, o tratamento do problema por meio da norma penal trouxe outra consequência deletéria, pois transformou usuários e dependentes em criminosos, na medida em que a posse de droga para o consumo também foi tipificada. Esse fenômeno se observa desde o início da proscrição das substâncias psicoativas consideradas ilícitas. A proibição das drogas, enquanto estratégia de política criminal, cumpriu a função de transformar meros adictos em adictos delinquentes (Rowe 2006).

Estima-se que, desde o início da guerra às drogas, os países tenham gastado entre US$1 trilhão a US$2,5 trilhões (Nutt 2012) na erradicação da produção, repressão aos traficantes e criminalização das pessoas que fazem uso de psicotrópicos. Nem mesmo os recursos despendidos foram hábeis a reduzir a oferta, muito menos o consumo, de substâncias consideradas ilícitas. Aparentes êxitos, obtidos em pequena escala, com a eliminação de determinadas fontes de produção, foram invariavelmente compensadas em razão do surgimento de outras organizações criminosas e pela migração do processo produtivo para outras áreas geográficas (Comissão Global de Políticas sobre Drogas 2011).

É que as organizações criminosas, relacionadas com o narcotráfico, estão em constante mudança, de modo a escapar aos esforços engendrados pelas agências de controle, sempre procurando novas fontes de matéria-prima e bens intermediários, rotas de exportação e mercados. Até mesmo o sigilo inerente à própria ilegalidade impede uma organização mais transparente e estruturada, na qual os encarregados conheçam os líderes, o que fazem e como operam (Woodiwiss 2005).

Não fosse o bastante, por mais alta que seja a quantia empregada pelos Estados na criminalização das drogas e na guerra que lhe é consequente, se comparada aos recursos do narcotráfico, torna-se ínfima. Estima-se que o rendimento anual da indústria das drogas ilícitas equivale de US$426 bilhões a US$652 bilhões (Global Financial Integrity 2017). Número semelhante, quanto ao volume que o comércio ilícito de substâncias psicoativas representa, é exibido por David Nutt (2012), segundo o qual o narcotráfico movimenta £300 bilhões ao ano, cerca de 1% da economia global, sendo a segunda maior atividade econômica do mundo – atrás apenas da indústria petrolífera.

Deve-se observar que tamanho recurso, representativo de 1% da economia mundial, sendo movimentado por grupos criminosos, que se utilizam de vários negócios de fachada, paraísos fiscais e até países inteiros para torná-lo aparentemente legítimo, causa sérios danos ao sistema financeiro internacional (já volátil pela inerente especulação), sujeito que fica aos interesses escusos do narcotráfico.

O dinheiro proveniente do comércio ilícito de drogas, após ser lavado por meio de empresas de fachada e paraísos fiscais, é então integrado novamente ao sistema bancário convencional, para que as organizações criminosas possam ter acesso aos fundos 'legítimos'. Técnicas diferentes são utilizadas, como transferências eletrônicas em pequena escala e faturamento falso. Estima-se, por exemplo, que o Panamá apresente uma lacuna de £1 bilhão, todos os anos, entre o ingresso de capital e as mercadorias exportadas. A diferença estaria relacionada aos rendimentos de organizações criminosas, principalmente ao narcotráfico (Nutt 2012).

No mesmo fio condutor, vários estudos científicos (Rowe 2006, Cockburn e St. Clair 1998, Courtwright 2002, Escohotado 2002, Klotter 2001, Rodrigues 2017, Szasz 1996, Werb, et al. 2010) demonstram que quanto mais se investe no combate ao narcotráfico, quanto mais se recrudesce na criminalização das drogas, mais arriscada se torna a atividade e, consequentemente, lucrativa; de tal forma que, da expansão da guerra às drogas decorre, quase sempre, o incremento no número de indivíduos dispostos a assumir os riscos do negócio em razão do lucro oferecido.

As atuais revisões sistemáticas sugerem que as intervenções jurídico-penais para as drogas são ineficazes quanto a redução da violência a elas relacionada. Contrariamente ao pensamento convencional de que o aumento no rigor da criminalização reduz a violência, a evidência científica existente sugere, veementemente, que a proibição das substâncias psicoativas contribui para seu incremento no contexto do mercado ilícito, elevando as taxas de homicídio. Com base nestas conclusões, é razoável inferir que métodos cada vez mais sofisticados, destinados à interrupção das redes de distribuição de drogas, podem elevar os níveis de violência. Com efeito, pesquisas têm mostrado que ao remover os principais traficantes do lucrativo mercado ilegal, o desempenho da criminalização das drogas pode ter o efeito perverso de promover a significativa criação de incentivos financeiros, motivando outros indivíduos a preencherem este vazio (Werb, et al. 2010).

Aliás, enquanto se intensificaram os esforços de coerção, a produção das drogas proibidas ficou mais simples, mais racional e consideravelmente mais barata. A difusão do conhecimento quanto a produção, refino, adulteração e distribuição dessas drogas desenvolveu-se muito mais rapidamente do que os meios coercitivos legais. Mais importante, a margem de lucro na produção, contrabando e distribuição proporcionou fortunas a um pequeno grupo no topo da pirâmide do tráfico de drogas, especialmente em países com governos debilitados por conflitos ou corrupção. E, naturalmente, a proibição global das drogas forneceu a base financeira para o crime organizado internacional (Woodiwiss 2005).

Pode-se afirmar com segurança, então, que a criminalização das atividades voltadas à produção, distribuição e comércio das drogas ilícitas não surtiu o efeito prometido de reduzir sua oferta. O mesmo fracasso se pode apontar, embora por motivos diferentes, quanto à demanda por tais substâncias ilícitas. A proscrição, ainda quando consubstanciada na criminalização do usuário, não se mostrou apta a reprimir a procura por substâncias psicotrópicas.

Atualmente, quase 300 milhões de pessoas, em torno de 5,6% da população mundial entre 15 a 64 anos de idade, usam drogas ilegais – 20% a mais do que na década anterior (UNODC 2024), não obstante o governo norte-americano destinar US$40 bilhões anuais para o controle de substâncias ilícitas em seu território e nos demais países. Somente nos Estados Unidos da América, em torno de 1,5 milhão de cidadãos são detidos todos os anos em razão de crimes relacionados às drogas, enquanto mais de 500 mil encontram-se encarcerados pelo mesmo motivo (Will 2009).

Com efeito, entre os anos de 1998 e 2008, período de maior recrudescimento no combate internacional às drogas, o número de consumidores de substâncias derivadas do ópio experimentou um acréscimo de 34,5%, passando de 12,9 milhões para 17,35 milhões usuários. O mesmo se verificou quanto aos consumidores de cocaína, de 13,4 milhões para 17 milhões, 27% a mais, e de maconha, de 147,4 milhões para 160 milhões, aumento de 8,5% (Comissão Global de Políticas sobre Drogas 2011).

Assim, pode-se afirmar não haver correlação entre o rigor na legislação (leia-se: criminalização) e o consumo de drogas. Os cidadãos sujeitos às leis mais rígidas, nas quais o uso de droga configura crime, não consomem menos do que aqueles sujeitos às leis menos rígidas, onde os usuários não são considerados criminosos. Nem mesmo as diferenças culturais explicam esse fenômeno.

Ao defender essa ideia, George Frederick Will (2009) toma por exemplo a realidade vivenciada pela Suécia e Noruega. Ambas têm o mesmo padrão institucional quanto ao respeito da legalidade. Mesmo a Suécia tendo legislação mais rígida no combate às drogas e sendo a Noruega bem mais liberal, apresentam os mesmos índices de consumo ilícito. O autor ainda ressalta que o progresso mais relevante quanto à diminuição do uso de drogas se dá justamente com o cigarro, droga com potencial de dependência maior que as substâncias consideradas ilegais.

Da mesma forma, também não se pode afirmar que décadas de proscrição e criminalização reduziram os danos causados pelas drogas ou delas indiretamente decorrentes. O direcionamento prioritário das ações repressivas às pessoas que fazem uso de substâncias ilícitas tem, reiteradamente, o efeito negativo de dificultar o acesso às medidas de saúde pública, capazes de mitigar o número de mortes causadas por overdose e doenças relacionadas ao consumo de drogas (como contaminação pelo vírus do HIV, por exemplo). A insistência em ações ineficazes de repressão e criminalização se consubstancia em grande desperdício de recursos públicos que poderiam ser dirigidos para ações tendentes à efetiva redução da demanda e dos danos (Comissão Global de Políticas sobre Drogas 2011), tal qual ocorre com o álcool e o tabaco.

Arquétipo desse efeito negativo da criminalização das drogas sobre a saúde pública, milhões de usuários de drogas injetáveis, no mundo, são portadores do vírus HIV e outro tanto, embora ainda não contaminados, enquadram-se no grupo de risco. Medidas preventivas, como o fornecimento de seringas descartáveis, por exemplo, não podem ser adotadas em diversos países em razão da proscrição e criminalização dessas mesmas substâncias (Nutt 2012). Ou seja, a intenção da criminalização era mitigar os danos inerentes às drogas, mas produziu o efeito inverso.

Na verdade, essa discussão sobre as consequências da criminalização das drogas não é recente. Sua conclusão em nada difere daquela alcançada pela *Comissão Wickersham,* a *National Commission on Law Observance and Enforcement,* instituída em 1931 pelos Estados Unidos da América, para avaliar o impacto da proibição do álcool naquele país. A experiência da Lei Seca, inserida no contexto histórico proibicionista do início do século passado, pode e deve servir de parâmetro emblemático para a política de penalização das substâncias psicoativas:

> O constante barateamento e simplificação da produção de álcool e de bebidas alcoólicas, o aperfeiçoamento da qualidade daquilo que pode ser produzido por meios ilícitos, a difusão do conhecimento da maneira de produzir bebidas alcoólicas e a perfeição da organização da manufatura e distribuição ilegais se desenvolveram com mais rapidez do que os meios de coerção destinados ao cumprimento da lei. Mais significativa, porém, é a margem de lucro no contrabando de álcool, no desvio da produção de álcool, na destilação e fermentação ilegais, no transporte clandestino e na fabricação e venda de produtos cuja maior parte sirva para obter bebidas alcoólicas fabricadas de maneira ilícita. Esse lucro possibilita a violação organizada e sistemática do *National Prohibition Act* em ampla escala e oferece ganhos idênticos às das indústrias legítimas mais importantes. Torna possíveis gastos milionários para corrupção. Coloca grandes tentações no caminho de todos os que se dediquem à aplicação e administração da lei. Proporciona base financeira para o crime organizado. (National Commission on Law Observance and Enforcement 1931, 92)

Assim, como resultado de sua inerente criminalização, mesmo tendo consumido, no mínimo, US$1 trilhão, custado a vida de centenas de milhares de pessoas e ter encarcerado aos milhões, pode-se dizer que a criminalização das drogas e a guerra que dela decorre não diminuiu a oferta de substâncias consideradas ilícitas, não reduziu a demanda por drogas, nem mitigou os danos dela decorrentes.

Conforme sugere a Comissão Global de Políticas sobre Drogas (2016, 11), a abordagem penal fracassou em sua tarefa de demarcar e extinguir o mercado ilegal. Seu objetivo manifesto é a tutela da saúde pública, mas sua execução conduziu a "consequências sociais e de saúde devastadoras para os usuários de drogas, para outros atores no comércio de drogas e para a sociedade em geral". Incontáveis violações a direitos fundamentais são praticadas todos os dias a pretexto do combate às substâncias psicoativas, tais como "pena de morte, execuções extrajudiciais, tortura, brutalidade policial e programas de tratamento desumanos para usuários de drogas".

No entanto, não obstante o evidente fracasso da criminalização que orienta a guerra às drogas, persiste na sociedade e nos formuladores de políticas públicas, nacionais e globais, forte resistência a reconhecer a falência das estratégias repressivas, bem como para debater sobre alternativas mais eficientes e humanas. Uma revisão metodológica se impõe e seu ponto de partida é o reconhecimento de que o problema relacionado às drogas é um desafio interdisciplinar para a saúde e a segurança das sociedades, muito mais do que uma guerra a ser vencida (Comissão Global de Políticas sobre Drogas 2011).

E não é somente uma questão de desproteção o problema do bem jurídico tutelado na criminalização das drogas. Perpassa também pela própria legitimidade do bem que realmente se busca tutelar. A construção do direito penal das drogas, ao longo da história, demonstra a arbitrariedade na escolha e rotulação das substâncias que deveriam ser consideradas lícitas ou ilícitas, seja por uma ideologia de dominação, seja a partir de um juízo ético-seletivo a declarar, determinar e sancionar penalmente condutas tidas por reprováveis ou imorais, em nítida violação à teoria do bem jurídico.

No mesmo sentido, a proibição e criminalização do uso de substâncias psicoativas, na medida em que pretende proteger a saúde do indivíduo e resgatar sua dignidade enquanto ser humano, supostamente violadas pela autolesão consciente, consubstanciada na mera conduta de usar droga, não atende às restrições impostas ao alcance do bem jurídico tutelável por meio do direito penal. A noção de bem jurídico não pode alcançar esse nível de abrangência e abstração.

A criminalização das substâncias psicotrópicas objetiva tutelar a saúde pública a partir de três frentes: 1) reduzir a oferta de substâncias consideradas ilícitas; 2) reduzir a demanda por drogas; e 3) mitigar os danos decorrentes das drogas. Na perspectiva do modelo proibicionista, "os efeitos perversos no campo da saúde pública devem ser resolvidos mediante a repressão penal" (Boiteux 2017, 185).

Portanto, a análise da utilidade, a aferir sua adequação, deve ser sistematizada a partir dessa compartimentação. Isso porque as políticas de criminalização devem ter fundamento em evidências científicas sólidas e confiáveis, nas quais o principal critério seja "a redução de danos à saúde, à segurança e ao bem-estar dos indivíduos e da sociedade" (Comissão Global de Políticas sobre Drogas 2011, 5).

No entanto, a criminalização que fundamenta a guerra às drogas não reduziu a oferta, a demanda, nem mitigou os danos delas decorrentes. Transcorridos mais de quarenta anos da promessa de Richard Nixon por um mundo livre das drogas, não se tem o mínimo controle quanto a oferta ou mesmo a demanda por substâncias ilícitas. As intervenções governamentais contra a venda representam para o narcotráfico apenas um custo comercial, ao invés de uma grave ameaça. Os recursos despendidos em programas de educação e enfrentamento, bem como a prisão dos usuários, ainda não estancaram o inexorável aumento do consumo de drogas na maior parte do mundo (Nutt 2012).

Em seus próprios termos, a criminalização das substâncias psicoativas falhou e a evidência mostra a utilização de uma estratégia equivocada para a redução dos danos. Adicionalmente, os efeitos perversos e intencionais da guerra às drogas têm espalhado doenças, inibido a pesquisa médica, colocado a lei em posição de descrédito e arruinado a vida de milhões (Nutt 2012). Além de não ter realizado o objetivo proposto, já não há sequer perspectiva que no futuro, próximo ou distante, a criminalização das drogas cumpra sua missão, a proteção da saúde e pública.

Desde a década de 1950, quando a Organização das Nações Unidas implantou um sistema global de proibição das substâncias psicoativas, muito se aprendeu sobre sua natureza e seus padrões de produção, distribuição, uso e dependência, bem como quanto a eficiência das estratégias para reduzir esses problemas. É até compreensível que há cinquenta anos, a par das escassas informações existentes, os formuladores do sistema acreditassem no acerto da proposta de erradicação da produção e do uso das drogas (Comissão Global de Políticas sobre Drogas 2011). O juízo em prognose apontava para utilidade na criminalização dos psicotrópicos, pelo que se procurava justificar a estratégia de guerra às drogas[27].

Entretanto, a experiência tem demonstrado inequivocamente a falência da estratégia de criminalizar o uso e o

---

[27] Aliás, uma"[q]uestão importante acerca do juízo prognóstico diz respeito aos seus limites, uma vez que, durante a elaboração legislativa, é impossível antever todos os resultados advindos da existência da norma incriminadora, que é destinada a ir se adaptando, com o tempo à sociedade. O ponto nevrálgico da questão baseia-se na possibilidade de que o legislador se equivoque acerca dos resultados posteriores à sua análise, e diz respeito às consequências que isto gera para o juízo de proporcionalidade da lei" (Gomes 2003, 132).

fornecimento de drogas consideradas ilícitas, de forma que, atualmente, o juízo concreto (e mesmo aquele realizado em prognose) da utilidade de tal medida legislativa aponta, necessariamente, para sua inadequação – inábil que se mostrou à consecução de seu fim enunciado.

Por isso, não se pode ignorar as evidências e as experiências acumuladas desde então. As políticas e estratégias de drogas continuam sendo fortemente influenciadas por preconceitos e visões ideológicas ou de conveniência política, que não levam em conta a crescente complexidade do mercado de drogas e das questões relativas ao uso e sua inerente dependência (Comissão Global de Políticas sobre Drogas 2011).

Como visto, quanto mais se investe no combate à circulação de substâncias ilícitas, mais arriscada se torna a atividade do narcotráfico e, consequentemente, os lucros são incrementados. Ou seja, do reforço na guerra contra as drogas e sua intrínseca criminalização decorre, quase sempre, o aumento no número de indivíduos dispostos a assumir os riscos do negócio em contrapartida ao ganho oferecido.

Criminalizar o comércio de drogas equivale a limitar o fornecimento da mercadoria proibida, aumentando o risco do empreendimento, pelo que o produto se torna mais caro. Com preços mais elevados, poder-se-ia supor que uma diminuição da demanda fosse provocada. Entretanto, "a experiência tem demonstrado que não é bem assim que as coisas funcionam, e as pessoas continuam a comprar entorpecentes, ainda que tenham que roubar, por exemplo, para pagarem o preço" (Gomes 2003, 147).

Os lucros relacionados ao narcotráfico são tão altos que compensariam, na ótica enviesada dos traficantes, a probabilidade de uma futura sanção de natureza penal. A criminalização da atividade, por suas peculiaridades, não põe o propalado temor aos que se propõem a traficar, sendo, também por isso, inadequada aos fins perseguidos. Em uma atividade na qual a concorrência está disposta a sequestrar, extorquir e matar, o direito penal não terá o necessário condão coercitivo para se fazer cumprir, por mais rígido que seja e por maior o temor que suscite (Rowe 2006).

E o mesmo fracasso se verifica em relação à demanda por substâncias ilícitas. A proscrição, mesmo que consubstanciada na criminalização do usuário, não se mostrou apta a mitigar a busca por drogas. Não obstante configurar delito, 5% da população adulta mundial faz uso de alguma substância entorpecente ilícita ao menos uma vez por ano. Esse índice tem se mantido estável desde a primeira tentativa de controle das substâncias consideradas perigosas, com a *Pure Food and Drug Act of 1906*, passando pelo início da criminalização, com o *Harrison Narcotics Tax Act of 1914*, até os dias atuais.

Nesse sentido, Mariângela Gama de Magalhães Gomes (2003, 146-147) pondera que nem mesmo o aumento no preço das drogas, decorrente da criminalização da atividade, é fator relevante para mitigar a demanda, o que demonstra, mais uma vez, a patente inidoneidade do tratamento penal dado às substâncias ilícitas. É o que se pode inferir do pensamento a seguir registrado:

> Efeito semelhante se observa quando se incrimina a conduta de comercializar substância entorpecente. Para se apreender o que se passa com esta modalidade delituosa, deve-se considerar, inicialmente, que o comércio, de maneira geral, comporta transações voluntárias entre vendedores e compradores, sendo que cada um procura realizar aquilo que deseja. Neste campo, a demanda por determinada mercadoria pode sofrer variações de acordo com a alteração de um ou alguns fatores influentes nas relações econômicas, tais como a preferência e o poder de compra do consumidor, o preço do próprio bem ou de bens substitutos ou complementares, sua qualidade, e assim por diante, de modo que a elasticidade da demanda é analisada de acordo com a sua mutabilidade perante a tais oscilações. Assim, apenas quando a demanda é elástica, o aumento de preços acarreta uma diminuição na procura; enquanto as pessoas que se dispõem a pagar determinado valor por um automóvel normalmente desistem de comprá-lo quando o seu valor é repentinamente dobrado, para determinadas mercadorias, como remédios, sal e entorpecentes, por exemplo, o desejo de adquirir o produto é tão forte que o preço não influencia a decisão.

Ademais, os fatores que influenciam na tomada de decisão individual para principiar a usar substâncias psicotrópicas guardam mais relação com a moda, a influência dos pares e o contexto socioeconômico, do que com o *status* legal da droga, o risco da prisão ou as mensagens de prevenção na propaganda oficial do governo (Comissão Global de Políticas sobre Drogas 2011).

Quando se trata de drogas ilícitas, nem mesmo campanhas publicitárias, por mais massivas que sejam, alcançam o resultado pretendido. Aliás, seria ingênuo sugerir que as políticas modernas contra as drogas são exclusivamente direcionadas por uma fria avaliação das evidências científicas sobre a efetividade. Muitos exemplos podem ser citados para demonstrar que este não é o caso, como o investimento de grandes somas de dinheiro nos meios de comunicação em massa com campanhas antidrogas, quando cada vez mais se evidencia que estas, na melhor das hipóteses, são ineficazes ou, na pior, produzem o efeito contrário (Davoli, Simon e Griffiths 2010).

Assim como não fez refrear a demanda e a oferta por substâncias ilícitas, a guerra às drogas também não alcançou o objetivo de mitigar os danos à saúde relacionados ao consumo abusivo. Nesse aspecto, o resultado é ainda pior, sendo o oposto do pretendido. É nesse sentido a afirmação de Fernando Henrique Cardoso (2011, 3):

> Toda a evidência disponível demonstra que as medidas punitivas por si só, por mais duras que sejam, não são capazes de reduzir os consumos. Pior, em muitos casos

> têm consequências nefastas. Ao estigmatizar os usuários
> de drogas, o medo da polícia e o risco de prisão tornam
> mais difícil o acesso ao tratamento.

A criminalização das substâncias psicoativas provoca também outro deletério e grave efeito à saúde dos usuários, torna o consumo bem mais inseguro. Da falta de controle e regulação inerente à clandestinidade, própria da atividade ilícita, resulta a circulação de drogas impuras e, muitas das vezes, misturadas com substâncias ainda mais nocivas ao organismo humano.

Dessa forma, se o objetivo da criminalização das drogas é mitigar os danos relacionados a seu consumo, a legalização, seguida de regulação, se configuraria (em juízo prognóstico) na medida legislativa adequada, não a criminalização (Hamilton 2016).

A regulação das substâncias psicoativas resultaria em ganho real para a saúde pública. Uma vez que os usuários são obrigados a comprar drogas de fontes clandestinas, nunca sabem o que efetivamente estão recebendo, nem podem ter certeza do potencial da substância adquirida. Uma pessoa que tenha desenvolvido dependência em heroína, por exemplo, pode esperar obter uma dose que seja 20% pura e receber alguma que é a metade ou o dobro disso. O cálculo da dosagem para ter um efeito ideal torna-se problemático (Rowe 2006), perigoso e até mortal.

Não fosse o bastante, quase sempre a heroína vendida nas ruas é adulterada com outras substâncias nocivas à saúde.

Além disso, as pessoas que fazem uso de substâncias injetáveis podem não ter acesso a uma agulha limpa, o que pode trazer sérios riscos à saúde, os quais são causados não pela droga em si, mas pelo fato de se tratar de uma substância proscrita. Se regulamentada, poderiam obter o produto de uma empresa farmacêutica respeitável, saberiam exatamente o que estariam recebendo e, sem dúvida, teriam acesso a modos de entrega esterilizados (Rowe 2006). Ou, em um ambiente de maior controle e rigor, poderiam ter acesso à droga a partir de programas governamentais, como a prescrição de heroína.

Acrescente-se que os fatores preponderantes ao desenvolvimento de padrões de uso problemático (dependência, doenças delas decorrentes, atos de violência, dentre outros) se relacionam mais com traumas ou negligências na infância, condições de vida impróprias, marginalização social e problemas emocionais, fatores que não se suprimem por força da lei penal, do que com a fragilidade moral ou hedonismo (Comissão Global de Políticas sobre Drogas 2011).

Assim, a história da proscrição das drogas, em matéria criminal, demonstra seu completo fracasso na proteção da saúde pública, fazendo transparecer o argumento subjacente a sustentar a guerra às drogas, não obstante seu completo fracasso – aquele de cunho moral. Entretanto, questões de ordem eminentemente moral não podem se tornar a razão de ser da norma penal, muito menos de uma guerra.

As leis não se prestam a punir a imoralidade, senão para garantir a justiça – ao menos é o que se pode legitimamente esperar de seu desempenho. Por isso, devem ser justas, em vez de éticas. O proibicionismo se apoia no moralismo que 'legitima' a criminalização das drogas como resultado de um imperativo ético, desvinculando a natureza das substâncias psicoativas dos efeitos sociais decorrentes de seu consumo (Pizano 2013).

A própria noção do que significa crime não pode ter uma aproximação ética, senão pragmática. É nessa linha de raciocínio que Clarence Darrow (1922) o definia como ato proibido pela lei, suficientemente grave para justificar sua inerente pena, não implicando, necessariamente, que seja, na perspectiva ética, bom ou ruim.

A *ultima ratio* da lei incriminadora demanda a proteção de um bem garantido constitucionalmente, não de um mero juízo valorativo (subjetivo, volátil, sazonal e territorial que é) acerca do comportamento humano. Demanda ainda que seja adequada à tutela pretendida. Por isso mesmo, não obstante ao tabu, ao caráter sagrado que permeia às discussões sobre as drogas,

> [l]íderes políticos e formadores de opinião devem ter a
> coragem de dizer em público o que muitos deles

> reconhecem em particular: que as pesquisas comprovam
> de modo irrefutável que as estratégias repressivas não são
> nem serão capazes de resolver o problema das drogas e
> que a guerra às drogas não foi nem pode ser vencida.
> Cabe aos governos discutir e adotar políticas mais
> abrangentes, apropriadas a suas realidades nacionais, e
> lidar com os problemas causados pelos mercados de
> drogas e pelo uso de drogas de modo a reduzir os níveis
> de violência e criminalidade associadas ao tráfico de
> drogas e a reduzir os danos que as drogas causam à saúde
> e bem-estar das pessoas. (Comissão Global de Políticas
> sobre Drogas 2011, 10)

Independentemente de sua legalização ou criminalização, as pessoas continuarão a comprar substâncias psicotrópicas. É uma decisão política se elas o farão em um *coffee shop* (a um *barman*), ou em guetos (a criminosos munidos de armamento pesado). Até porque a circulação das drogas não é passível de ser circunscrita a uma legalidade conclusiva, nem mesmo a uma idealizada normalização da conduta humana – "não há escolarização, educação continuada e adestramentos que interponham um não categórico à experimentação da vida" (Passetti 2017).

Enfim, pode-se afirmar, com segurança, que a guerra às drogas fracassou. A insistência em sua manutenção é o caso típico das leis que, "de várias formas, não estão mais em condições de atuação transformadora, mas, frequentemente, assumem funções meramente simbólicas" (Hill 1982, 37).

6. SOBRE ERVAS E VENENOS

Uma vez que a guerra às drogas se apresenta uniforme na comunidade internacional, as substâncias psicotrópicas consideradas proscritas nos mais diversos Estados são praticamente as mesmas, com poucas variações. "A lei antidrogas é basicamente a mesma no mundo inteiro" (Scheerer 2012). Assim, o rol de psicotrópicos ilícitos na Espanha é praticamente o mesmo daquele vigente nos Estados Unidos da América, China, Paquistão, Nova Zelândia e Egito.

Da mesma forma, os riscos inerentes a cada uma das substâncias psicoativas, lícitas ou ilícitas, são praticamente iguais nas mais diversas sociedades e culturas – o *crack* apresenta um potencial igualmente nocivo à incolumidade pública na Inglaterra e na Suíça quanto na Argentina. Por isso, para compreender a irracionalidade da proibição de certas drogas, é importante realizar uma análise comparativa quanto ao risco que representa cada uma delas, sobretudo em relação ao potencial de danos à terceiros.

Em tese, os danos decorrentes das drogas justificariam seu tratamento criminal, ao passo que a extensão dos danos daria medida às penas. E cada psicotrópico tem um potencial lesivo próprio, a demandar juízo avaliativo particularizado quanto a consequente tipificação e respectiva pena, numa análise comparativa com as demais substâncias consideradas ilícitas e seus peculiares riscos.

Não é suficiente apenas entender como uma determinada droga altera o estado mental; há de se avaliarem os danos, potenciais e reais, para o usuário e, principalmente, porque condição à criminalização, para estrutura social – representativa dos direitos e interesses individuais. Ao lançar o olhar para a pessoa que faz uso de droga, deve-se lembrar que a lesão não está restrita àquelas de natureza física – consequências psicológicas, emocionais e até mesmo espirituais precisam ser igualmente consideradas. Da mesma forma, os riscos à sociedade abrangem um leque geralmente maior do que costuma ser considerado, tais como o impacto em razão de condução automotiva sob o efeito de drogas, rompimento familiar, dias de trabalho perdidos, dos custos com a saúde, da criminalidade que lhe é intrínseca, dentre outros muitos fatores (Rowe 2006).

Assim, não á razoável estabelecer penas semelhantes ao tráfico de drogas quando as substâncias comercializadas ofereçam diferentes níveis de risco à sociedade. Não é legítimo, dessa forma, a lei que determina a mesma cominação para quem comercializa maconha e aquele que vende heroína, considerando ser o potencial lesivo dos opióides muito maior que aquele verificado nos canabinoides.

Nesse mesmo sentido, maior irracionalidade se verifica na circunstância da norma penal proscrever determinada substância psicotrópica, enquanto outra, embora mais nociva ao ser humano e à coletividade, seja considerada legal, submetida apenas à regulação administrativa. Partindo do fato que existem várias drogas consideradas legais e outro tanto proscritas, submetidas ao tratamento criminal, cumpre verificar o potencial lesivo de cada uma delas.

Vários estudos já foram realizados no sentido de mensurar os mais diversos tipos de danos que as drogas podem causar ao indivíduo e para a sociedade. Alguns, focando em um único aspecto, outros em uma análise mais ampla. Mas todos parecem indicar os mesmos resultados.

A potencialidade de tornar o usuário em adicto, por exemplo, é um dos critérios mais utilizados nos estudos científicos sobre os danos relacionados às drogas. É também um dos argumentos mais frequentes a justificar a proteção do bem jurídico tutelado no direito penal das drogas – a saúde pública.

Nesse sentido, Glen R. Hanson, Peter J. Venturelli e Annette Fleckenstein (2012) se propuseram, em estudo científico[28], a determinar o potencial de causar dependência psicológica inerente a algumas drogas (lícitas e ilícitas). Em uma escala de 0 a 100, à nicotina atribuiu-se o índice 100, metanfetamina (fumo), 98, *crack*, 96, Valium, 85, álcool, 82, heroína, 80 e cocaína, 75. Maconha, *ecstasy*, mescalina e LSD tiveram pontuação inferior a 20.

No entanto, ainda que o potencial de tornar dependentes seus usuários seja um dos mais relevantes critérios para determinar os riscos inerentes a cada droga, faz-se necessário uma investigação mais abrangente, em que outros aspectos sejam mutuamente ponderados, sobretudo se o que se busca são critérios e argumentos para a criminalização.

Nesse sentido, já na metade do século passado, Maurice Seevers (1958) propôs uma classificação do risco das drogas a partir de seis critérios: tolerância[29], dependência física, dependência psicológica, deterioração física e comportamento antissocial. A cada critério se atribuiu índice de 0 a 4. Assim, o risco de cada substância entorpecente seria medido numa escala de 0 a 24. Por esses critérios, as bebidas alcoólicas ficaram com índice 21, barbitúricos, 18, heroína, 16, cocaína, 14, maconha, 8 e mescalina, 1.

---

[28] A descrição da metodologia empregada não atenderia aos fins da presente pesquisa.
[29] No sentido de quanto o organismo humano pode tolerar determinada droga de forma segura.

Tanto o resultado obtido por Glen R. Hanson, Peter J. Venturelli e Annette Fleckenstein (2012) como a conclusão de Maurice Seevers (1958), voltam-se aos danos que sofrem os usuários de drogas, em razão do consumo em si. Embora os dois estudos citados sejam relevantes ao conhecimento dos riscos intrínsecos às drogas, pouca influência têm à verificação da racionalidade da criminalização, uma vez que os danos a serem considerados para fins da tutela penal são aqueles relacionados com terceiros, não os inerentes ao próprio usuário. É que não se deve punir, ao menos em matéria penal, a autolesão.

Não se pode negar, no entanto, a relevância desses dados para aferição da proporcionalidade de medidas legislativas ou administrativas, em relação aos psicotrópicos, a determinar, por exemplo, controle, regulação, taxação e indenização. São importantes também para desmistificação do argumento moral, uma vez que algumas das drogas aceitas socialmente (álcool e tabaco) são mais nocivas ao indivíduo que outras proscritas.

Assim, para os fins ora propostos, quanto à utilidade da pena à tutela da saúde pública, pode-se tomar por parâmetro o estudo coordenado por Jan van Amsterdam, Antoon Opperhuizena, Maarten Koeter e Wim van den Brink (2010), no sentido de investigar os danos (em nível individual e coletivo) associados às substâncias psicoativas. Um grupo de dezenove especialistas avaliou os efeitos nocivos de dezessete drogas ilícitas e duas lícitas, tomando por referência dados técnicos coletados na Holanda e na literatura específica, focando-se em critérios como toxicidade aguda; toxidade crônica, potencial viciante e danos sociais. Numa escala de 0 a 3, as drogas foram classificadas quanto seu potencial lesivo ao indivíduo e à coletividade.

Ainda que o minucioso detalhamento apresentado na pesquisa interesse, de formas diversas, às mais abrangentes áreas do direito e do conhecimento científico, apresenta-se como relevante à análise ora desenvolvida os resultados que tratam especificamente dos danos às estruturas sociais garantes dos direitos individuais, uma vez que, como dito, o bem jurídico, cujos danos (físicos ou sociais) foram experimentados pelo próprio usuário, não deve ser objeto de tutela em matéria penal.

Nesse quadrante, em ordem decrescente, as substâncias mais nocivas à coletividade, pelo estudo referido (Van Amsterdam, et al. 2010), são: álcool (2,76), tabaco (2,28), *crack* (1,89), heroína (1,78), cocaína (1,66), canabinoides (1,47), benzodiapezina (1,32), anfetamina (1,18), *ecstasy* (1,13), GHB (0,92), metadona (0,68), metanfetamina (0,56), anabolizantes (0,45), cogumelos alucinógenos (0,39), cetamina (0,39), metilfenidato (0,33), buprenorfina (0,29), *lsd* (0,26) e *khat* (0,13). Ou seja, especificamente quanto aos danos sociais intrínsecos às drogas, dirigidos à população de um modo geral, as substâncias mais nocivas são, justamente, as que gozam de *status* legal, álcool e tabaco.

Ainda acerca dos danos relacionados às drogas, outro trabalho científico a ser levado em consideração é o levantamento coordenado por David Nutt, Leslie King e Lawrence Phillips (2010), realizado por diversos profissionais de várias áreas do conhecimento, utilizando dezesseis critérios (nove em razão do usuário, sete em relação à coletividade) para avaliar o risco inerente a vinte tipos diferentes de drogas[30].

---

[30] Os critérios são: "Mortalidade diretamente relacionada a drogas – letalidade intrínseca da droga expressada como proporção da dose letal e da dose padrão (para adultos); Mortalidade indiretamente relacionada com a droga – medida do quanto a vida é reduzida pelo uso da droga (exclui a mortalidade específica causada pela droga) – por exemplo, acidentes de trânsito, cânceres de pulmão, HIV, suicídio; Danos diretamente causados pela droga – danos específicos das drogas à saúde física – por exemplo, cirrose, convulsões, ferimentos, cardiomiopatia, úlceras de estômago; Danos indiretamente relacionados com a droga – danos à saúde física, incluindo consequências de, por exemplo, atividades sexuais indesejadas, automutilação, viroses sanguíneas, enfisema e danos por objetos cortantes; Dependência – a medida que uma droga causa propensão ou o desejo de continuar usando a mesma, apesar das consequências negativas; Comprometimento direto do funcionamento mental [...] – por exemplo, a psicose induzida por anfetamina, a intoxicação pela cetamina; Comprometimento indireto do funcionamento mental relacionados a toxicodependência [...] – por exemplo, transtornos de humor, acompanhando o uso de droga ou estilo de vida do usuário de drogas; Perda de bens – medida da perda de coisas tangíveis (por exemplo: renda, habitação, trabalho, realizações educacionais, ocorrência de registro criminal e prisão); Perda de relacionamentos – perda de relacionamentos com a família e amigos; Lesões – medida em que o uso de uma droga aumenta as chances de lesões a outros, direta e indiretamente – por exemplo, violência (incluindo violência doméstica), acidente de trânsito, dano fetal, uso abusivo, transmissão secundária de vírus pelo sangue; Crime – medida em que o uso de uma droga envolve ou leva alguém a praticar atos criminosos (além do ato de uso de drogas), direta ou indiretamente (a nível populacional, não a nível individual); Dano ambiental – danos causados ao meio ambiente pelo uso e pela produção de uma droga de forma localizada – por exemplo, resíduos tóxicos das fábricas de anfetamina, agulhas descartadas; Adversidades familiares – adversidades familiares causadas pelo uso de uma droga – por exemplo, degeneração da família, do bem-estar econômico, do bem-estar emocional, das perspectivas futuras para as crianças,

A pontuação atribuída a cada um desses critérios, em relação à cada específico psicotrópico mutuamente considerado, foi estabelecida a partir do método MCDA (*multiple criteria decision analysis*)[31] [32] e, ao final, somada para aferir o índice geral (danos pessoais e sociais) em uma escala de 0 a 100. O estudo (Nutt, King e Phillips 2010) apresenta em ordem decrescente: álcool (72), heroína (55), *crack* (54), metanfetamina (33), cocaína (27), tabaco (26), anfetamina (23), canabinoides (20), GHB (19), benzodiapezina (15), cetamina (15), metadona (14), mefedrona (13), *butane* (11), anabolizantes (10), *khat* (9), *ecstasy* (9), *lsd* (7), buprenorfina (7) e cogumelos alucinógenos (6).

Tais resultados expõem a contribuição de cada um dos dezesseis critérios para formação do índice geral de

---

negligência infantil; Danos internacionais – medida de como o uso de drogas no Reino Unido provoca danos internacionais – por exemplo, desmatamento, desestabilização dos países, a criminalidade internacional e novos mercados; Custo econômico – danos econômicos causados pelo uso de uma droga nos custos diretos para o país (por exemplo, cuidados com a saúde, polícia, prisões, serviços sociais, costumes, seguros, crimes) e os custos indiretos (por exemplo, perda de produtividade, absentismo); Comunidade – medida dos danos criados com a diminuição da coesão social e a perda da reputação da comunidade" (Nutt, King e Phillips 2010, 1560).

[31] A metodologia multicritério de apoio à decisão "consiste em um conjunto de técnicas para auxiliar um agente decisor – indivíduo, grupo de pessoas ou comitê de técnicos ou dirigentes – a tomar decisões acerca de um problema complexo, avaliando e escolhendo alternativas para solucioná-lo segundo diferentes critérios e pontos de vista" (Jannuzzi, Miranda e Silva 2009, 71).

[32] "Analise de Decisão Multicritério (MCDA) é uma técnica frequentemente usada em situações em que a tomada de decisão demanda a consideração de diferentes tipos de critérios, onde existem tantas dimensões que não se pode facilmente tirar conclusões de discussões simples. A MCDA considera uma questão através de diferentes critérios e, em seguida, compara-os mutuamente para avaliar a sua importância relativa. Esses critérios podem incluir medidas objetivas e juízos de valor subjetivo. Podem também incorporar um elemento de incerteza" (Nutt 2012, 35).

periculosidade intrínseco às substâncias psicoativas objeto do estudo. No entanto, considerando apenas os sete critérios para aferição do risco das drogas dirigidos a terceiros, as quatro substâncias psicotrópicas mais nocivas são, em ordem decrescente: álcool, heroína, *crack* e tabaco (Nutt, King e Phillips 2010).

Ou seja, considerando os danos individuais e às estruturas sociais em conjunto, das vinte drogas objeto do estudo, álcool e tabaco, substâncias lícitas, figuram, respectivamente, como a primeira e a sexta mais perigosas. Ponderando apenas em relação aos danos experimentados pela coletividade, o álcool permanece como o psicotrópico mais nocivo e o tabaco figura em quarto (à frente dos canabinoides, cocaína, *ecstasy*, metadona, LSD, dentre outras).

Aliás, de todos os estudos até então apresentados, as bebidas alcoólicas e o tabaco sempre se fazem presentes no grupo das drogas mais nocivas à sociedade. A nocividade do álcool relaciona-se com a desagregação familiar, violência, acidentes de todos os tipos, dias de trabalho perdidos e crimes. Inclusive, em comparação com o cigarro, os custos para saúde pública são muito mais elevados quando se trata dos problemas relacionados ao alcoolismo. As doenças causadas pelo alcoolismo, somadas, constituem a terceira principal causa de morte nos Estados Unidos da América, por exemplo. Não obstante aos inerentes riscos sociais, é bastante improvável que as bebidas alcoólicas se tornem algum dia novamente proibidas (Rowe 2006).

Mesmo quando os critérios para aferição do potencial lesivo dos psicotrópicos são aqueles que se aplicam no nível individual, como as mortes e doenças indiretamente decorrentes do consumo de drogas, tratando-se de álcool e tabaco, de tão expressivos os números, configuram-se em danos à coletividade.

A título ilustrativo, em todo o mundo, 2,6 milhões de mortes foram atribuídas ao consumo de álcool em 2019, representando 4,7% de todas as mortes naquele ano (WHO 2024). Comparativamente, no ano 2000, mais de 3% dos óbitos no mundo guardavam relação com o consumo de bebidas alcoólicas (Rehma, et al. 2003).

Segundo a Organização Mundial da Saúde (WHO 2023), o uso de tabaco causa mais de 8 milhões de mortes por ano em todo o mundo. Desse total, mais de 7 milhões de mortes se relacionam aos usuários de cigarros, enquanto cerca de 1,3 milhão de mortes ocorrem entre fumantes passivos. O tabaco continua sendo uma das maiores ameaças à saúde pública global, causando doenças como câncer, doenças cardiovasculares e respiratórias.

O uso do tabaco é extremamente nocivo ao ser humano. A relação entre tal droga e o câncer de pulmão é de conhecimento universal. Pesquisas demonstram que o hábito de fumar aumenta em vinte e cinco vezes o risco de desenvolver câncer de pulmão, sendo responsável por 95% de todas as mortes por este tipo de doença. Também aumenta o risco em relação aos outros tipos de câncer. Estima-se que 47% de todas as mortes por câncer são causadas pelo uso do tabaco. Mais importante, o cigarro é responsável por cerca de metade de todas as mortes por doenças cardiovasculares. Na contabilidade geral, o fumo é responsável por cerca de 25% das mortes de adultos nos Estados Unidos da América, por exemplo. Os tratamentos médicos para o câncer, doenças cardiovasculares e pulmonares que lhes são decorrentes, custam dezenas de bilhões de dólares por ano (Rowe 2006).

Quando se observa que duas das drogas mais nocivas à sociedade são consideradas lícitas, reforça-se a ideia de que a proscrição e o tratamento criminal decorrente do direito penal das drogas encontram guarida apenas no campo moral e político, não em dados técnicos e científicos acerca dos danos inerentes aos mais diversos tipos de psicotrópicos.

Não são os danos a terceiros, intrínsecos às substâncias psicoativas, a fundamentar a guerra às drogas, como faz crer o discurso oficial, senão a percepção moral que a sociedade guarda sobre elas. Álcool e cigarro são legais por razões políticas, não por serem inofensivas, pois inofensivas não são. Da mesma forma, as drogas proscritas são ilícitas também por motivos políticos, não meramente porque são ofensivas. A atual abordagem em relação às substâncias psicoativas não é proporcional. Somente o seria, se aplicada igualmente para todas as substâncias recreativas ou viciantes (Rowe 2006) ou, então, se a nenhuma delas fosse aplicada.

Uma determinada substância provoca níveis maciços de problemas de saúde de todos os tipos e milhões de mortes prematuras por ano, mas é legal em qualquer quantidade para qualquer adulto. As únicas restrições envolvidas dizem respeito ao local e a partir de que idade pode ser usada. Da mesma forma, outra substância permitida para todos os adultos é amplamente reconhecida, em todo o mundo, como a mais nociva da história. Quando suficientemente abusada, causa morte, destruindo gradativamente o corpo de seu usuário. Mesmo quando não muito abusada, provoca comportamentos aberrantes que podem arruinar famílias e causar danos à sociedade. Tabaco e álcool, respectivamente (Rowe 2006). Enquanto isso, substâncias menos nocivas são consideradas ilegais.

7. A RESSACA

Já se sabe que a guerra às drogas não cumpriu a promessa de mitigar os danos à saúde pública que as substâncias tornadas ilícitas causam. Mas para que se tenha a verdadeira dimensão do que representa a criminalização das drogas, é importante investigar seus efeitos colaterais – as consequências indesejadas dessa política.

Para tanto, importante ter em foco seus resultados: a expansão do mercado clandestino criminoso, financiado pelos lucros progressivamente crescentes do narcotráfico; deslocamento dos recursos públicos para o financiamento das ações repressivas contra o comércio ilícito de substâncias psicoativas; deslocamento geográfico da produção de drogas entre países, iludindo o sistema de controle; migração do consumo para substâncias mais nocivas, em razão da dificuldade de acesso a determinadas drogas; estigmatização e marginalização das pessoas que desenvolvem uso problemático (Nadelmann 1991,

European Cities on Drug Policy 1990, Erickson, Adlaf, et al. 1994, Costa 2008, Comissão Global de Políticas sobre Drogas 2011).

O uso abusivo de drogas é ruim. A guerra às drogas é exponencialmente pior (Frye 2012). Na América Latina, por exemplo, as políticas de repressão às drogas propiciaram que a produção artesanal e o pequeno tráfico fossem completamente substituídos pelas organizações criminosas, tais como os cartéis de Medellín e Cali, cuja dificuldade de se combater decorre tanto da profissionalização da atividade e dos recursos envolvidos, como também da densa trama de ramificações políticas que promovem a estabilização e desestabilização dos mais diversos países no continente (Escohotado 2002).

Além de não produzir efeitos positivos para o quadro da saúde pública na América Latina, a guerra às drogas incrementou sua miséria e corrupção. Assim como em muitas cidades colombianas, o narcotráfico transformou regiões como a do Rio de Janeiro e de São Paulo, por exemplo, em verdadeiras zonas de guerra. Em toda a América Latina, muitos fazendeiros tiveram suas propriedades rurais e vidas arruinadas – os herbicidas utilizados na destruição de lavouras ilícitas frequentemente causam danos ambientais e às terras agricultáveis. O enorme deslocamento econômico para atividades clandestinas e a intensificação da inquietação social nessa porção americana, no mais das vezes, decorreram da criminalização das drogas, não das substâncias psicotrópicas em si (Nadelmann 2003).

Esses danos impostos à coletividade decorrem do desempenho da própria norma incriminadora. É que existem algumas medidas legislativas que têm um forte caráter criminógeno, provocando na sociedade efeitos que se opõem ao pretendido. A norma que criminaliza as substâncias psicotrópicas pertence a esse grupo, na medida em que promove o surgimento de vários crimes que passam a orbitar a atividade do narcotráfico.

Em raciocínio semelhante, ponderam Escudero Moratalla e Frígola Vallina (1996) que a lei proibitiva, repressiva, tem mais de corrupta que de corretora, uma vez que agravam os problemas de marginalização, ao conduzir jovens que não ocasionam problemas sociais a uma evolução problemática, além de abrir a porta para determinados delitos (falsidades, coações, homicídios, dentre outros problemas).

A guerra às drogas, dessa forma, "impede que a sociedade e os governos enxerguem a grande variedade de razões pelas quais as pessoas usam drogas, seja de maneira controlada, seja de forma problemática" (Dreifuss 2016, 5). É por meio dessa estratégia que a proibição das substâncias psicoativas, promovida pela lei penal, tem transformado meros usuários em pessoas que passam a desenvolver atividades delitivas (Rowe 2006). E é assim que a criminalização das drogas tem sido um campo fértil para as organizações criminosas, envolvidas em atividades que dão suporte ao narcotráfico, como tráfico de pessoas (que passam à condição análoga a de escravo), corrupção, sequestro, terrorismo (Nutt 2012) e lavagem de dinheiro.

Ainda que se desconsidere a criminalização, é ínsito da proibição em si provocar uma série de consequências negativas, incluindo o aumento da violência, a vulneração da saúde das pessoas usuárias de drogas, a transformação destes em transgressores e a mitigação das liberdades civis; assim, a proscrição das substâncias psicotrópicas exacerba muitos dos problemas que pretensamente resolveria. A redução do uso de drogas não é, em geral, um objetivo racional para a política governamental. Mesmo que desejável a redução do consumo de drogas, a proibição é a pior estratégia para alcançar esse fim (Miron 2004).

Sobre o impacto negativo da criminalização das drogas na saúde pública, por exemplo, 80% das mortes associadas à heroína e cocaína (incluindo *crack*) não resultam de seu uso abusivo, mas da natureza ilegal do mercado. Uma análise dos homicídios relacionados com o *crack*, na cidade de Nova Iorque, indica que 85% dos casos eram sistêmicos, ou seja, decorriam dos perigos inerentes ao mercado ilícito e não da droga em si (Eldredge 2000).

Um outro aspecto deve ser destacado: a criminalização das drogas e o posterior combate ao seu comércio ilícito têm contribuído para a expansão da militarização do Estado, como agente repressor, assim também do narcotráfico, resultando no incremento do número de homicídios relacionados a esse mercado clandestino. Pode-se citar, a título de exemplo, como produto do recrudescimento da guerra aos cartéis de drogas na Colômbia, o fato de que, no ano de 1991, um a cada mil colombianos foi assassinado, taxa três vezes maior que a brasileira e mexicana e dez vezes maior que a norte-americana, considerando o mesmo período (Werb, et al. 2010).

Mais recentemente, após 2006, quando foi lançada campanha ostensiva de combate às drogas em todo o México, os índices que medem a violência cresceram abruptamente, de forma que, entre aquele ano e 2010, cerca de dezessete mil homicídios relacionados ao narcotráfico foram registrados no país (Werb, et al. 2010). Além disso, os cartéis de drogas mexicanos são responsáveis por outras atividades criminosas, tais como sequestro, falsificação e extorsão (Nutt 2012).

A natureza ilícita da atividade é a grande responsável pela violência relacionada às drogas – os mercados de produtos legais e regulamentados, mesmo não isentos de problemas, são incapazes de proporcionar as mesmas oportunidades para que o crime organizado obtenha expressivos lucros, desafie a legitimidade de governos soberanos e, em alguns casos, financie a insurgência e o terrorismo (Comissão Global de Políticas sobre Drogas 2011).

Como se não bastasse, as ações governamentais no combate às drogas são igualmente nocivas à sociedade (Rowe 2006), muito disso em razão da carência de critérios para o estabelecimento das leis que criminalizam as substâncias psicoativas, bem como pela indiferença estatal em relação às consequências sociais de tais medidas legislativas.

A imposição de leis mal concebidas resulta no incremento da violência, intimidação e corrupção associadas ao mercado das drogas. As agências governamentais e o crime organizado relacionado com o tráfico de drogas terminam por promover uma "corrida armamentista", inerente à guerra em si, na qual a coação estatal é prontamente respondida com o incremento da força e violência do narcotráfico (Comissão Global de Políticas sobre Drogas 2011, 15).

A violência urbana, outro efeito colateral da criminalização aludida, guarda relação direta com a própria guerra às drogas, não com as substâncias consideradas ilícitas, de forma que quanto mais se investe em seu combate, mais insegura se torna a sociedade. Com efeito, pesquisa conduzida por Dan Werb, et al. (2010), demonstra que, nos Estados Unidos da América, entre os anos de 1900 até o final da década de 1990, é diretamente proporcional o investimento na guerra contra as drogas e o índice de homicídios registrados, corroborando a ideia ora exposta. Do aumento no investimento financeiro contra as drogas decorre, reiteradamente, o incremento na taxa de homicídios. Referida investigação científica acerca das consequências da proibição das substâncias psicotrópicas, notadamente no que é pertinente à violência dela consequente, evidencia a mais grave sequela da criminalização das substâncias psicoativas.

A mesma conclusão se obtém nos diversos estudos levantados por Jeffrey A. Miron (2004), segundo os quais a proibição das drogas (inclusive do álcool) coincidiu com o aumento da taxa de homicídios, uma vez que as disputas, comuns a toda espécie de concorrência, no comércio ilegal são resolvidas pela força das armas, não pela mediação ou judicialmente. Todas as evidências científicas, segundo o autor, demonstram a relação entre proibição e violência nos mais diversos países.

Há uma direta relação de proporcionalidade entre a estratégia de guerra às drogas e o preço das substâncias consideradas ilícitas. Da mesma forma, quanto mais caras são as drogas, mais violenta se torna a sociedade. Para Travis Wendel, Geert Dhondt, Ric Curtis e Jay Hamilton (2016), por exemplo, a mitigação do crime na cidade de Nova Iorque, entre os anos de 1985 e 2016, produziu toda uma literatura acadêmica incapaz de explicar o fenômeno. A partir de uma pesquisa etnográfica e econométrica, os autores argumentam que referidos estudos ignoraram a explicação mais simples de todas: o simultâneo aumento na oferta e diminuição na demanda conduziu a uma queda no preço das drogas ilegais, cuja consequência foi o decréscimo dos índices de criminalidade.

Também é certo, conforme já mencionado, que o mercado ilícito de psicotrópicos incrementa a violência urbana, uma vez que usuários e traficantes, por óbvio, não resolvem suas disputas por meio de tribunais, advogados ou arbitragem, senão pelo uso das armas. Além disso, fomenta corrupção, sendo da natureza do próprio negócio clandestino o suborno a policiais, promotores, juízes e agentes carcerários. Não fosse o bastante, a ilegalidade do negócio inviabiliza o controle de qualidade da substância, o que potencializa o risco de overdose acidental (Miron 2014).

E sobre essa natureza criminógena da norma penal que proscreve as substâncias psicotrópicas, convém transcrever:

> Também o tráfico de entorpecentes se enquadra entre aquelas infrações em que o próprio bem jurídico tutelado acaba sendo posto sob ameaça. Percebe-se que a incriminação do comércio de entorpecentes acaba por gerar problemas de saúde pública mais sérios do que aqueles que se intentava evitar, uma vez que os consumidores das drogas são postos numa situação de clandestinidade e têm de afrontar não apenas o risco inerente à própria substância entorpecente que desejam consumir, mas a concreta possibilidade de que a droga esteja adulterada e repleta de impurezas de todo o gênero – e tais adulterações fazem com que as substâncias que realmente vêm a ser consumidas sejam muito mais perigosas para a saúde do que as originais. E isto sem

> contar, ainda, que o fato de os consumidores encontrarem-se na marginalidade dificulta que os programas destinados à saúde pública atinjam esta importante parcela da população. (Gomes 2003, 149)

Em decorrência desse caráter criminógeno da criminalização das drogas, à exceção de poucos países, prisões no mundo inteiro estão esgotadas, superlotadas de pessoas condenadas por crimes relacionados com as substâncias consideradas ilícitas. Muitas delas viram-se envolvidas com o consumo ou tráfico de drogas devido a problemas relacionados à dependência e pobreza. As altas taxas de encarceramento têm um impacto negativo para além da vida dos reclusos, pois afetam suas famílias e a sociedade, para quem representam um enorme fardo econômico. Frequentemente, a punição é largamente desproporcional, com longas penas de prisão atribuídas a pequenos traficantes (Malinowska-Sempruch 2011).

Tudo isso, sem que a demanda e a oferta de substâncias ilícitas tenham sofrido qualquer decréscimo. A situação atual, em relação à proscrição das drogas e suas consequências, moveu Luigi Ferrajoli (1993) a defender a revogação do que considera ser a absurda e criminógena lei de drogas.

Outro aspecto a revelar danos à coletividade, decorrentes do direito penal das drogas, diz respeito à dificuldade de se estabelecerem novas e mais eficazes políticas públicas fundadas em medidas de redução de riscos, enquanto o tratamento dispensado aos psicotrópicos tiver foco na criminalização. O controle da produção e distribuição, bem como a regulação da comercialização das substâncias ora consideradas ilícitas, medidas aptas a mitigar os danos às estruturas sociais a elas relacionados, não são possíveis no presente ambiente de proscrição e criminalização.

Ou seja, o atual tratamento penal dado às drogas, além de gerar danos à população como um todo, ainda impede que os problemas relacionados à saúde pública sejam enfrentados de maneira adequada. É que o "proibicionismo criminalizador voltado contra as drogas tornadas ilícitas oculta o fracasso de seus objetivos explícitos, oculta paradoxos, como os maiores riscos e danos à saúde, enganosamente apresentada como objeto de proteção, e ainda promove a violência" (Karam 2009, 8).

Enfim, quando a guerra às drogas foi declarada, seu objetivo era mitigar os danos à incolumidade pública relacionados ao consumo abusivo de substâncias psicoativas. A norma penal tinha o escopo de tutelar esse bem garantido constitucionalmente. No entanto, além de incrementar os danos à saúde pública, a proscrição das drogas sob o manto do direito penal causou sérios problemas no âmbito da segurança pública, outro bem de *status* constitucional. No que é pertinente às drogas, a humanidade convivia com um sério problema. Hoje, tem de conviver com dois. Por isso, têm-se defendido ser chegada a "hora de os Estados assumirem sua responsabilidade plena e retirarem as drogas das mãos do crime organizado. É hora de assumir o controle" (Dreifuss 2016, 6).

Causar à sociedade mal maior do que aquele que se quis ou quer evitar não é o que se pode normalmente esperar do desempenho da norma criminal. Também é irracional sob a perspectiva da guerra. O objetivo da guerra é o logro, disse Sun Tzu (2015) – vantagem que jamais foi alcançada na guerra às drogas.

CONCLUSÃO

Para investigar a irracionalidade da guerra às drogas tomou-se por parâmetro principal o processo de proscrição desenvolvido nos Estados Unidos da América e exportado, via comunidade internacional, para os demais Estados soberanos. Isso porque a guerra às substâncias psicoativas no âmbito global corresponde às estratégias promovidas naquele país, a partir do sentimento moral lá vigente. Seu método, a progressiva criminalização das atividades relacionadas aos psicotrópicos, contaminou a legislação das mais diversas nações, apresentando-se uniforme em seus respectivos ordenamentos jurídicos.

A história da guerra às drogas demonstra sua completa inadequação à tutela da saúde pública. Isso porque, não obstante ter consumido vastos recursos financeiros e centenas de milhares de vidas humanas, além de ter promovido o encarceramento em massa, levando à prisão milhões de pessoas, a intervenção penal para o problema das drogas não reduziu a oferta de substâncias consideradas ilícitas, muito menos mitigou seu consumo ou os danos que lhes são decorrentes. O que se identificou, na verdade, foi o efeito inverso, posto que tornou o mercado criminoso mais lucrativo, a demanda mais estável e incrementou o problema de saúde pública relacionada ao uso abusivo.

Um outro aspecto da irracionalidade da guerra às drogas diz respeito à desnecessidade da intervenção penal para o resguardo da saúde pública. Comparando-se as consequências do desempenho do direito penal das drogas com os resultados obtidos ou possíveis de serem alcançados pelos meios alternativos à disposição do Estado, já experimentados ou idealizados, pode-se afirmar, com segurança, a desnecessidade da ingerência normativa criminal. As políticas públicas que lidam com o problema sob uma perspectiva diferente da criminalização, em uma abordagem humanizada, dirigida a mitigar os danos relacionados ao uso de drogas, embora ainda sejam tímidas, apresentam resultados para a saúde pública exponencialmente superiores àqueles realizados pela estratégia de guerra.

Há ainda uma relação de arbitrária desproporção na rotulação das substâncias psicoativas em quadros de licitude e ilicitude e, neste caso, no estabelecimento das respectivas penas em abstrato. Quando se leva em consideração a submissão da norma penal à isonomia, verificando o tratamento jurídico conferido às atividades relacionadas com as bebidas alcoólicas e ao tabaco, em contraste com aquele dispensado ao consumo e comercialização demais substâncias psicoativas, a partir do potencial lesivo intrínseco a cada uma delas, conclui-se que a criminalização destas não atende aos objetivos declarados. Pesquisas científicas revelam que álcool e tabaco estão entre as substâncias mais nocivas à saúde pública, enquanto maconha e *lsd*, por exemplo, enquadram-se nas menos lesivas, mas a lógica da criminalização não se submete a esse critério.

Não fosse o bastante, a guerra às drogas, como estratégia de enfrentamento dos problemas que as substâncias tornadas ilícitas suscitam, além de incrementar os danos à saúde pública, o que denota sua anti-efetividade, trouxe graves consequências para a segurança pública, outro direito de índole constitucional.

Da militarização do Estado, amparada no discurso de fazer cumprir a lei de drogas, decorreu a militarização do narcotráfico, tornando a sociedade, de uma forma geral, mais violenta e insegura. A ilicitude do consumo de determinadas substâncias psicoativas, não raro, conduz usuários ao crime, inclusive à traficância, como forma de financiar sua dependência. Há uma relação direta de proporcionalidade entre os recursos investidos no combate às drogas e o número de mortes violentas nos mais diversos países.

A guerra às drogas, portanto, apresenta a característica de produzir mal maior do que aquele que se propôs evitar. Seus objetivos declarados correspondem a resolver ou, na pior das hipóteses, mitigar os problemas de saúde pública que as drogas suscitam. No entanto, o resultado inequívoco é o surgimento e consolidação de um contexto social ainda mais nocivo, um grave problema de segurança pública.

No desenvolvimento da pesquisa, essas conclusões foram tratadas como indícios de que a guerra às drogas tem servido, desde a sua primeira fase, à realização de funções distintas daquela prevista no discurso oficial, qual seja a proteção da saúde pública.

É que insistir em estratégia inadequada aos fins enunciados somente tem sentido prático quando a função normativa for cumprir fins não enunciados.

De igual forma, optar por meio menos eficiente, além de mais danoso ao indivíduo, somente tem coerência se a função normativa é outra, não expressa, estranha ao programa finalístico enunciado, a demandar meio mais gravoso para realização de seu efeito oculto.

Punir para além do razoável ou violando a isonomia, por sua vez, equivale a realizar função não autorizada na sistemática do direito penal, pois não se presta à efetiva tutela do bem jurídico, sua condição de legitimidade.

O mesmo se pode afirmar quanto a permanência da criminalização, não obstante ser mais danosa do que aquilo que se pretendeu ou se pretende evitar, apontando para existência de efeitos latentes, estes sim coerentes com o mecanismo repressor criminal eleito.

Demonstrou-se que a ineficácia é uma característica marcante da guerra às drogas, presente em suas três fases. O desempenho do direito penal das drogas mostrou-se incapaz de mitigar os danos à saúde pública inerentes ao consumo abusivo das substâncias consideradas ilícitas. Não obstante o sucessivo e progressivo recrudescimento no tratamento criminal dado às atividades relacionadas às drogas, em momento algum se observou qualquer resultado positivo à saúde pública que pudesse ser creditado à política de criminalização e à estratégia de repressão. Na verdade, o efeito produzido foi o oposto, com sérios danos à saúde pública, diretamente decorrentes da atuação da lei de drogas, em um típico exemplo de anti-efetividade.

O encarceramento em massa dos usuários e traficantes entre metade da década de 1910 até final da década de 1960, a estratégia de guerra às drogas desempenhada em todo o mundo e o incremento no número de presos que se desenvolveu durante toda a década de 1970, o combate internacional ao narcotráfico e ao crime organizado a ele relacionado a partir da década de 1980, incrementando ainda mais o número de encarceramentos, apreensões, expropriações e intervenções militares, bem como a estigmatização dos desviantes desde o início do século passado, iludiram o público em geral quanto a eficácia da guerra às drogas: 'se os criminosos estão sendo presos, a lei está funcionando'.

O combate às drogas é, sem dúvida, a maior guerra travada pela humanidade e seus efeitos são também os piores. Trata-se da mais longa empreitada bélica que a história noticia e provavelmente é a mais onerosa em termos econômicos e humanos. O pior é que nunca foi sobre substâncias psicoativas. A guerra é sobre raça, religião, classe social, dinheiro e poder.

BIBLIOGRAFIA

Abramovay, Pedro Vieira, e Vera Malaguti Batista. 2010. *Depois do grande encarceramento*. Rio de Janeiro, RJ: Revan.

2007. *American Film Institute*. 20 de 06. Acesso em 13 de 11 de 2016. http://www.afi.com/100years/movies10.aspx.

American Psychiatric Association. 2015. *Manual Diagnóstico e Estatístico de Transtornos Mentais*. 5a. Edição. Tradução: Maria Inês Corrêa Nascimento, Paulo Henrique Machado, Regina Machado Garcez, Régis Pizzato e Sandra Maria Mallmann da Rosa. Porto Alegre: Artmed.

Andrade, Fernando Grostein, Thomaz Souto Correa, Cosmo Feilding-Mellen, Carolina Kotscho, Ricardo Setti, e Ilona Szabo. 2011. *Breaking the Taboo*. Direção: Fernando Grostein Andrade e Cosmo Feilding-Mellen. Produção: Sam Branson. Elenco: Fernando Henrique Cardoso, Jimmy Carter, Bill Clinton, Paulo Coelho, Ruth Dreifuss, Gro Harlem Brundtland, Anthony Papa e Dráuzio Varella.

Austin, James, e Aaron David McVey. 1989. "The 1989 NCCD prison population forecast: the impact of the war on drugs." National Council on Crime and Delinquency, San Francisco.

Batista, Vera Malaguti. 2003a. *Difíceis ganhos fáceis: drogas e juventude pobre no Rio de Janeiro*. 2a. Edição. Rio de Janeiro: Revan.

BBC. 2014. *Mujica legaliza maconha e diz que 'viver é experimentar'*. 07 de 05. Acesso em 20 de 11 de 2016. http://www.bbc.com/portuguese/noticias/2014/05/14050 7_mujica_entrevista_fl.

Beccaria, Cesare Bonesana. 2001. *Dos delitos e das penas*. Ridendo Castigat Mores.

Bewley-Taylor, David, e Martin Jelsma. 2011. "La internacionalización de la guerra contra las drogas: las drogas ilícitas como un mal moral y un valioso enemigo." Em *Casus Belli: cómo los Estados Unidos venden la guerra*, por Martin Jelsma, Phyllis Bennis, David Sogge, Mariano Aguirre, Zia Mian, Susan George, Mike Marqusee e Walden Bello, edição: Achin Vanaik, tradução: Beatriz Martínez Ruiz. Amsterdam: Transnational Institute (Kindle).

Boiteux, Luciana. 2017. "Modelos de controle de drogas: mapeando as estratégias de política de drogas em busca de alternativas ao modelo repressivo." Em *Drogas & sociedade contemporânea: perspectivas para além do proibicionismo*, por Regina Figueiredo, Marisa Feffermann e Rubens Adorno, 183-201. São Paulo: Instituto de Saúde.

—. 2011. "Política Internacional de Drogas e Redução de Danos: o fim do 'Consenso de Viena'?" *Versus : Revista de Ciências Sociais Aplicadas do CCJE/UFRJ*, 04: 104-108.

Boiteux, Luciana, Ela Wiecko Volkmer de Castilho, Beatriz Vargas, Vanessa Oliveira Batista, Geraldo Luiz Mascarenhas Prado, e Carlos Eduardo Adriano Japiassu. 2009. *Série Pensando o Direito: Tráfico de Drogas e Constituição*. Vol. 1. Brasília: Ministério da Justiça - Secretaria de Assuntos Legislativos.

Borges, Juliana. 2018. *O que é: encarceramento em massa?* Belo Horizonte: Letramento: Justificando.

Brasil. 1921. *Decreto 4.294*. Estabelece penalidades para os contraventores na venda de cocaina, opio, morphina e seus derivados; crêa um estabelecimento especial para internação dos intoxicados pelo alcool ou substancias venenosas; estabelece as fórmas de processo e julgamento e manda abrir os creditos necessarios.

Brasil. 2004. *Decreto 5.144, de 16 de julho de 2004.* Regulamenta o Código Brasileiro de Aeronáutica, no que concerne às aeronaves hostis ou suspeitas de tráfico de substâncias entorpecentes e drogas afins.

Brasil. 1998. *Lei 9.614, de 5 de março de 1998.* Altera o Código Brasileiro de Aeronáutica, para incluir hipótese destruição de aeronave.

Cardoso, Fernando Henrique. 2011. "Prefácio à edição portuguesa." Em *Política da Droga em Portugal: os benefícios da descriminalização do consumo de drogas,* por Artur Domosławski, tradução: Nuno Portugal Capaz. Warsaw: Open Society Foundations.

Carter, Jimmy. 2011. "Call off the global drug war." *The New York Times.*

Castilho, Ela Wiecko Volkmer de. 2007. "Execução da pena privativa de liberdade para mulheres: a urgência de regime especial." *Justitia,* 37-45.

Chaloult, Louis. 1971. "Une nouvelle classification dês drogues tòxicomanogenes." *Revue Toxicomanies,* 371-375.

Cockburn, Alexander, e Jeffrey St. Clair. 1998. *Whiteout: The CIA, Drugs & the Press*. London: Verso.

Comissão Global de Políticas sobre Drogas. 2016. "Avanços na reforma de políticas sobre drogas: uma nova abordagem à descriminalização."

Comissão Global de Políticas sobre Drogas. 2011. "Guerra às Drogas: Relatório da Comissão Global de Políticas sobre Drogas."

Commission of the European Communities. 2009. "A Report on Global Illicit Drug Markets 1998-2007." European Communities, Amsterdam, 69.

Comprehensive Drug Abuse Prevention and Control Act. 1970. Public Law 91-513, 84 Stat. 1236 (27 de 10).

Cook, Dee, e Barbara Hudson. 1993. *Racism and criminology*. London: Sage Publications.

Costa, Antônio Maria. 2008. "Making drug control 'fit for purpose': Building on the UNGASS Decade." Report by the Executive Director of the United Nations Office on Drugs and Crime as a contribution to the review of the twentieth special session of the General Assembly, Commission on Narcotic Drugs, Viena.

Courtwright, David T. 2002. *Forces of habit: drugs and the making of the modern world.* 3rd Edition. Edição: Kindle. Cambridge: Havard University Press.

Cox, James. 2018. *Two Chinese meth dealers sentenced to death on a sports ground in front of 300 schoolkids before being executed.* 28 de 06. Acesso em 02 de 07 de 2018. https://www.thesun.co.uk/news/6644102/china-death-sentence-death-row-meth/.

Darrow, Clarence. 1922. *Crime: its cause and treatment.* New York: Thomas Y. Crowell.

Davoli, Marina, Roland Simon, e Paul Griffiths. 2010. "Current and future perspectives on harm reduction in the European Union." Em *Harm reduction: evidence, impacts and challenges,* por European Monitoring Centre for Drugs and Drug Addiction EMCDDA, 437-446. Luxembourg: Publications Office of the European Union.

Domosławski, Artur. 2011. *Política da Droga em Portugal: os benefícios da descriminalização do consumo de drogas.* Tradução: Nuno Portugal Capaz. Warsaw: Open Society Foundations.

Dreifuss, Ruth. 2016. "Carta da Presidente." Em *Avanços na reforma de políticas sobre drogas: uma nova abordagem à descriminalização*, por Comissão Global de Políticas sobre Drogas. Relatório.

Dufton, Emily. 2006. "The War on Drugs: How President Nixon Tied Addiction to Crime." *The Atlantic.*

Einstein, Albert. 2007. "Some Notes on my American Impressions." Em *The World As I See It*, por Albert Einstein, tradução: Alan Harris, 37-41. San Diego: The Book Tree.

Eldredge, Dirk Chase. 2000. *Ending the war on drugs: a solution for America.* Edição: Kindle. New York: Bridgeworks.

EMCDDA. 2010. *Harm reduction: evidence, impacts and challenges.* Edição: European Monitoring Centre for Drugs and Drug Addiction. Luxembourg: Publications Office of the European Union.

Erickson, Patricia G., Edward M. Adlaf, Reginald G. Smart, e Glenn F. Murray. 1994. *The Steel Drug: Cocaine and Crack in Perspective.* 2nd Edition. New York: Lexington Books.

Escohotado, Antonio. 2002. *Historia general de las drogas.* 5a. Edición. Barcelona: Espasa.

Escudero Moratalla, José Francisco, e Joaquin Frígola Vallina. 1996. "Enfoque criminológico de la drogodependencia y otros conceptos penitenciários." *Cuadernos Jurídicos*, 06. Acesso em 02 de 08 de 2016. http://noticias.juridicas.com/articulos/55-Derecho%20Penal/200108-8551727610152071.html.

European Cities on Drug Policy. 1990. "Frankfurt Resolution." Frankfurt.

Fahey, David M., e Jon S. Miller. 2013. *Alcohol and drugs in North America: a historical encyclopedia.* Vol. 1. 2 vols. Santa Barbara: ABC-CLIO.

Ferrajoli, Luigi. 1993. "Per un programma de diritto penale minimo." Em *La riforma del diritto penale: garanzie ed effettività delle tecniche di tutela*, edição: Livio Pepino. Milano: Franco Angeli.

Ferreira, Susana. 2017. *Portugal's radical drugs policy is working. Why hasn't the world copied it?* 05 de 12. Acesso em 25 de 04 de 2018. https://www.theguardian.com/news/2017/dec/05/portugals-radical-drugs-policy-is-working-why-hasnt-the-world-copied-it.

Fischer, Benedikt. 1995. "Drugs, Communities, and "Harm Reduction" in Germany: The New Relevance of "Public

Health" Principles in Local Responses." *Journal of Public Health Policy*, 389-411.

Fortune Business Insights. 2024. *Alcoholic Beverages Market Size, Share & Industry Analysis, By Type (Beer, Wine, Distilled Spirits, and Others), By Distribution Channel (Retail and Food Service), and Regional Forecast, 2024-2032*. Pune: Fortune Business Insights.

French, Laurence, e Magdaleno Manzanárez. 2004. *NAFTA and neocolonialism: comparative criminal, human and social justice*. Lanham: University Press of America.

Freud, Sigmund. 1884. "Über Coca." *Therapie*, 07: 289-314.

Frye, Stephen. 2012. *Monumental Fiasco. Our drug war: twenty five reasons to end it*. Kindle.

Gerber, Rudolph Joseph. 2004. *Legalizing marijuana: drug policy reform and prohibition politics*. Westport: Greenwood Publishing Group.

Global Financial Integrity. 2017. *Transnational Crime and the Developing World*. Washington: Global Financial Integrity.

Gomes, Mariângela Gama de Magalhães. 2003. *Princípio da Proporcionalidade no Direito Penal*. São Paulo: Revista dos Tribunais.

Gouverneur, Cédric. 2018. "Heroína com receita médica." *Le Monde Diplomatique Brasil* 12 (135): 28-29.

Hagen, Bernard. 2002. *The war on drugs: the Reagan, Bush and Clinton Administracion - a comparative analysis*. New Orleans: University of New Orleans.

Hamilton, Olavo. 2019. *Drogas: criminalização simbólica*. Natal: OWL Editora Jurídica.

—. 2016. "Legalizando as drogas: uma abordagem conforme a regulação responsiva." *Revista de Direito Setorial e Regulatório - Journal of Law and Regulation*, 10: 139-160.

Hanson, Glen R., Peter J. Venturelli, e Annette E. Fleckenstein. 2012. *Drugs and society*. 17. New York: Jones&Bartlett.

Harrison Narcotics Tax Act. 1914. Ch. 1, 38 Stat. 785 (17 de 12).

Hassemer, Winfried. 1997. *Crítica del derecho penal de hoy*. Edição: Kindle. Tradução: Patricia S. Ziffer. Bogotá: Universidad Externado de Colombia.

Hawkins, Darnell F. 1995. *Ethnicity, race, and crime: perspectives across time and place*. Albany: State University of New York Press.

Herer, Jack. 2010. *The Emperor Wears No Clothes: Hemp and the Marijuana Conspiracy*. 12th Edition. Edição: Leslie

Cabarga, Jeannie Herer e Roland A. Duby. Van Nuys: Ah Ha Publishing.

Hill, Hermann. 1982. *Einführung in die Gesetzgebungslehre.* Heidelberg: C.F. Müller Juristischer Verlag.

Horton, Donald. 1943. "The functions of alcohol in primitive societies: a cross-cultural study." *Quartely Journal of Studies on Alcohol*, 9: 199-320.

Hughes, Caitlin Elizabeth, e Alex Stevens. 2010. "What Can We Learn from the Portuguese Decriminalization of Illicit Drugs?" *British Journal of Criminology*, 21 de 07: 999-1022.

Iversen, Leslie L. 2016. *Drugs: a very short introduction.* 2nd Edition. Oxford: Oxford University Press.

Jakobs, Gunther. 2012. "Direito penal do cidadão e direito penal do inimigo." Em *Direito penal do inimigo: noções e críticas*, por Gunther Jakobs e Manuel Cancio Meliá, edição: Kindle, tradução: André Luís Callegari e Nereu José Giacomolli. Porto Alegre: Livraria do Advogado.

Jannuzzi, Paulo de Martino, Wilmer Lázaro Miranda, e Daniela Santos Gomes Silva. 2009. "Análise multicritério e tomada de decisão em políticas públicas: aspectos metodológicos, aplicativo operacional e aplicações." *Revista Informática Pública*, 69-87.

Jay, Mike. 2012. *Emperors of Dreams: Drugs in the Nineteenth Century.* 2nd Edition. London: Dedalus.

Jelsma, Martin, Phyllis Bennis, David Sogge, Mariano Aguirre, Zia Mian, Susan George, Mike Marqusee, e Walden Bello. 2011. *Casus Belli: Cómo los Estados Unidos venden la guerra.* Edição: Achin Vanaik. Tradução: Beatriz Martínez Ruiz. Amsterdam: Transnational Institute (Kindle).

Karam, Maria Lúcia. 2009. *Proibições, riscos, danos e enganos: as drogas tornadas ilícitas.* Rio de Janeiro: Lumen Juris.

Khan, Riaz, Yasser Khazaal, Gabriel Thorens, Daniele Zullino, e Ambros Uchtenhagen. 2014. "Understanding Swiss drug policy change and the introduction of heroin maintenance treatment." *European Addiction Research*, 200-207.

Killias, Martin, e Marcelo F. Aebi. 2000. "The impact of heroin prescription on heroin markets in Switzerland." *Crime Prevention Studies*, 83-99.

Klotter, Jule. 2001. "War on Drugs." *Townsend Letter for Doctors and Patients*, 07: 59.

Labrousse, Alain. 2011. *Géopolitique des drogues*. 3e Édition. Paris: Presses Universitaires de France.

Levitt, Steven D, e Stephen J Dubner. 2005. *Freakonomics: o lado oculto e inesperado de tudo que nos afeta*. Tradução: Regina Lyra. Rio de Janeiro: Elsevier.

Lima, Rita de Cássia Cavalcante. 2009. "Uma história das drogas e do seu proibicionismo transnacional: relações Brasil-Estados Unidos e os organismos internacionais." Rio de Janeiro.

Linhares, Paulo Afonso. 2015. *Legislação e Comportamento do Usuário de Drogas*. Vol. 3, em *Prevenção ao Uso Indevido de Drogas (PREVINA)*, por Elisaldo Luiz de Araújo Carlini, 166-182. São Paulo: Universidade Aberta do Brasil/Universidade Federal de São Paulo (UNIFESP).

Machado, Sulamita Crespo Carrilho. 2005. "O direito enquanto instrumento de propagação memética." *Revista Eletrônica de Direito do Centro Universitário Newton Paiva*, 1-45.

Malinowska-Sempruch, Kasia. 2011. "Prefácio." Em *Política da Droga em Portugal: os benefícios da descriminalização do consumo de drogas*, por Artur Domosławski, tradução: Nuno Portugal Capaz. Warsaw: Open Society Foundations.

Marihuana Tax Act. 1937. Public Law 238, 50 Stat. 551 (02 de 08).

McDonald, Tommy. 2018. *Experts React to Trump's Plan to Escalate Drug War and Impose Death Penalty for Drug Offenses.* 19 de 03. Acesso em 2 de 7 de 2018. http://www.drugpolicy.org/press-release/2018/03/experts-react-trumps-plan-escalate-drug-war-and-impose-death-penalty-drug?spMailingID=33693715&spUserID=NTY4MTY1MjA1NjM1S0&spJobID=1243769963&spReportId=MTI0Mzc2OTk2MwS2.

McGovern, Patrick E, Donald L Glusker, Lawrence J Exner, e Mary M Voigt. 1996. "Neolithic resinated wine." *Nature,* 6 de 6: 480-481.

Millar, Tim, Andrew Jones, Michael Donmall, e Malcolm Roxburgh. 2008. "Changes in offending following prescribing treatment for drug misuse." National Treatment Agency for Substance Misuse, London.

Miron, Jeffrey A. 2004. *Drug war crimes: the consequences of Prohibition.* Edição: Kindle. Oakland: Independent Institute.

—. 2014. "Why all drugs should be legal. (Yes, even heroin.)." *The Weekly Wonk*, 28 de 07.

Nadelmann, Ethan Avram. 1993. *Cops across borders: the internationalization of U.S. criminal law enforcement.* Penn State University Press.

—. 2003. "Addicted to Failure." *Foreign Policy*, Jul. - Aug.: 94-95.

—. 1991. "Drug Prohibition in the United States: Costs, Consequences, and Alternatives." *Notre Dame Journal of Law, Ethics & Public Policy*, 783-808.

Nadelmann, Ethan Avram, Jennifer McNeely, e Ernest Drucker. 1997. "International perspectives." Em *Substance abuse: a comprehensive textbook*, por Joyce H. Lowinson, Pedro Ruiz, Robert B. Millman e John G. Langrod, 22-39. Baltimore: Williams and Wilkins.

Narcotics Control Act. 1956. ch. 629, 70 Stat. 567

Narcotics Control Trade Act. 1974. Public Law 93-618, 88 Stat. 1978

National Commission on Law Observance and Enforcement. 1931. "Report on the Enforcement of the Prohibition Laws of the United States." National Commission on Law Observance and Enforcement, Washington.

National Prohibition Act. 1919. Public Law 66, 66 Stat. 305, 323 (28 de 10).

Netherlands National Drug Monitor. 2011. *NDM Annual Report 2010.* Netherlands Institute of Mental Health and Addiction, Utrecht: Trimbos-instituut.

Neves, Marcelo da Costa Pinto. 2011. *A constitucionalização simbólica.* São Paulo: WMF Martins Fontes.

Niemann, Albert. 1860. "Ueber eine neue organische Base in den Cocablättern." *Archiv der Pharmacie,* 129–155.

Nutt, David. 2012. *Drugs - Without the Hot Air: Minimising the Harms of Legal and Illegal Drugs.* Cambridge: UIT Cambridge Ltd.

Nutt, David, Leslie King, e Lawrence Phillips. 2010. "Drug harms in the UK: a multicriteria decision analysis." *The Lancet,* 1 de November: 1558-1565.

Olmo, Rosa del. 1990. *A face oculta da droga.* Tradução: Teresa Ottoni. Rio de Janeiro: Revan.

ONU. 2007. "Programa de prevenção às drogas e HIV/AIDS." Escritório das Nações Unidas contra Drogas e Crimes (UNODC), Organização das Nações Unidas, Brasília.

Passetti, Edson. 2017. "Guerra sem fim?" Em *Política e drogas nas Américas: uma genealogia do narcotráfico*, por Thiago Rodrigues, 7-18. São Paulo: Desatino.

Pizano, Ernesto Samper. 2013. *Drogas: prohibición o legalización*. Edição: iBooks. Debate.

Portugal. 2000. *Lei 030 de 29 de novembro de 2000*. Define o regime jurídico aplicável ao consumo de estupefacientes e substancias psicotrópicas, bem como a proteção sanitária e social das pessoas que consomem tais substancias sem prescrição médica.

Public Law 221. 1909. U.S. 60th Congress

Pure Food and Drug Act. 1906. Public Law 59-384, 34 Stat. 768 (30 de 06).

Queiroz, Nana. 2015. *Presos que menstruam: a brutal vida das mulheres - tratadas como homens - nas prisões brasileiras*. Rio de Janeiro: Record.

Rahtz, Howard. 2012. *Drugs, Crime and Violence: From Trafficking to Treatment*. Lanham: Hamilton Books.

Reghelin, Elisangela Melo. 2002. *Redução de danos: prevenção ou estímulo ao uso indevido de drogas injetáveis*. São Paulo: Revista dos Tribunais.

Rehma, Jürgen, Robin Room, Maristela Monteiro, Gerhard Gmel, Kathryn Graham, Nina Rehn, Christopher T. Sempos, e David Jernigan. 2003. "Alcohol as a risk factor for global burden of disease." *European Addiction Research*.

Ribeiro, Maurides de Melo. 2013. *Drogas e redução de danos: os direitos das pessoas que usam drogas*. São Paulo: Saraiva.

Robinson, Matthew B, e Renee G Scherlen. 2007. *Lies, Damned Lies, and Drug War Statistics: A Critical Analysis of Claims Made by the Office of National Drug Control Policy*. New York: State University of New York Press.

Rodrigues, Thiago. 2017. *Política e drogas nas Américas: uma genealogia do narcotráfico*. São Paulo: Desatino.

Rowe, Thomas C. 2006. *Federal narcotics laws and the war on drugs: money down a rat hole*. Edição: Kindle. New York: Routledge.

Roxin, Claus. 2001. "Tem futuro o direito penal?" *Revista dos Tribunais*, 08.

Santos Júnior, Rosivaldo Toscano dos. 2016. *A guerra ao crime e os crimes da guerra: uma crítica descolonial às políticas beligerantes no sistema de justiça criminal brasileiro*. Florianópolis: Empório do Direito.

Scheerer, Sebastian, entrevista feita por Denise Paro. 2012. *Droga não é assunto do Direito Penal*. Edição: Gazeta do Povo. Curitiba, (01 de 08).

Scheerer, Sebastian. 1993a. "Estabelecendo o controle sobre a cocaína (1910-1920)." Em *Drogas, é legal?: um debate autorizado*, por Francisco Inácio Bastos e Odair Dias Gonçalves, tradução: Francisco Inácio Bastos, 169-194. Rio de Janeiro: Imago.

Seevers, Maurice. 1958. "Drug Addictions." Em *Pharmacology in medicine: a collaborative textbook*, edição: Victor Alexander Drill, 236-252. New York: McGraw-Hill.

Silva Júnior, Walter Nunes da, e Olavo. Hamilton. 2024. *Drogas e punitivismo: superpopulação carcerária, aumento da criminalidade e fomento das organizações criminosas*. Natal: OWL Editora Jurídica.

Sirin, Cigdem V. 2011. "From Nixon's War on Drugs to Obama's Drug Policies Today: Presidential Progress in Addressing Racial Injustices and Disparities." *Race, Gender & Class*, 82-99.

SISDEPEN. 2023. *Relatório de Informações Penais*. Segundo Semestre de 2023, Brasília: Ministério da Justiça.

Soares, Milena Karla, e Cristina Maria Zackseski. 2016. "Proibicionismo e poder regulatório: uma pesquisa documental sobre o processo administrativo de classificação das drogas." *Cadernos Ibero-americanos de Direito Sanitário*, 135-156.

Stöver, Heino. 2013. "Multi-agency approach to drug policy on a local level: 'The Frankfurt Way'. Briefing paper for 2013 International Conference on Drug Policy and Policing (in Open Society Foundation, Frankfurt)." *Open Society Foundation*. 14 de 11. Acesso em 28 de 04 de 2018. https://www.opensocietyfoundations.org/sites/default/files/The_Frankfurt_Way.pdf.

Straight, Benjamin Aaron. 2005. *The two finger diet: how the media has duped women into hating themselves*. Lincoln: iUniverse Inc.

Substance Abuse and Mental Health Services Administration. 2023. *2022 National Survey on Drug Use and Health (NSDUH) Releases*. Rockville: SAMHSA.

Szasz, Thomas. 1996. *Our Right to Drugs: The Case for a Free Market*. New York: Syracuse University Press.

The Drug Policy Alliance. 2017. *A Brief History of the Drug War*. Acesso em 16 de 06 de 2017.

http://www.drugpolicy.org/facts/new-solutions-drug-policy/brief-history-drug-war-0.

Tonry, Michael. 1997. *Ethnicity, crime and immigration: comparative and cross national perspective.* Chicago: University of Chicago Press.

Tzu, Sun. 2015. *A arte da guerra.* São Paulo: Novo Século.

Uniform State Narcotic Drug Act. 1934. Public Law 488, 46 Stat. 585

UNODC. 2015. "World Drug Report 2015." United Nations Office on Drugs and Crime, New York.

UNODC. 2024. *World Drug Report 2024.* New York: United Nations Publication.

Uruguay. 2013. *Ley 19.172.* Marihuana y sus derivados – control y regulación del estado de la importación, producción, adquisición, almacenamiento, comercialización y distribución.

Uruguay. 2015. "VI Encuesta Nacional en Hogares sobre Consumo de Drogas." Junta Nacional de Drogas, Presidencia de la República, Montevideo.

US Constitution, amend. 18. 1919. (United States Constitution, 16 de 01).

US Constitution, amend. 21. 1933. (United States Constitution, 05 de 12).

US President. 1989. "First National Drug Control Strategy." Washington: The White House, 05 de 09.

Van Amsterdam, Jan, Antoon Opperhuizena, Maarten Koeter, e Wim van den Brink. 2010. "Ranking the harm of alcohol, tobacco and illicit drugs for the individual and the population." *European Addiction Research*, 2 de July: 203-207.

Weber, Max. 2003. *A política como vocação*. Brasília: UnB.

Welles, Orson. 1941. *Citizen Kane*. Direção: Orson Welles. Produção: Orson Welles. Elenco: Orson Welles, Joseph Cotten, Dorothy Comingore e Agnes Moorehead.

Wendel, Travis, Geert Dhondt, Ric Curtis, e Jay Hamilton. 2016. "'More drugs, less crime': why crime dropped in New York City, 1985–2007." *Dialect Anthropol*, 2 de 3: 319–339.

Werb, Dan, Greg Rowell, Gordon Guyatt, Thomas Kerr, Julio Montaner, e Evan Wood. 2010. "Effect of Drug Law Enforcement on Drug-related Violence: Evidence from a Scientific Review." International Centre for Science in Drug Policy, Vancouver.

WHO. 1981. *5th Review of psychoactive substances for international control.* World Health Organization, Geneva: WHO Press.

WHO. 2024. *Global status report on alcohol and health and treatment of substance use disorders.* Geneve: WHO Press.

—. 2023. *Tobacco.* 31 de July. Acesso em 20 de setembro de 2024. https://www.who.int/news-room/fact-sheets/detail/tobacco.

WHO. 2011. *WHO report on the global tobacco epidemic, 2011: warning about the dangers of tobacco.* World Health Organization, Geneva: WHO Press.

WHO, UNODC, e UNAIDS. 2012. *WHO, UNODC, UNAIDS technical guide for countries to set targets for universal access to HIV prevention, treatment and care for injecting drug users – 2012 revision.* World Health Organization; United Nations Of ce on Drugs and Crime; United Nations Programme on HIV/AIDS, Geneva: WHO Press.

Will, George Frederick. 2009. "A reality check on drug use." *Washington Post.*

Woodiwiss, Michael. 2005. *Gangster Capitalism: The United States and the Globalization of Organized Crime.* New York: Carroll & Graf Publisher.

Zizek, Slavoj. 2014. *Violência: seis reflexões laterais*. Tradução: Miguel Serras Pereira. São Paulo: Boitempo.

www.ingramcontent.com/pod-product-compliance
Lightning Source LLC
Chambersburg PA
CBHW051600250726
48653CB00004BA/1254